21 世纪全国高职高专秘书类规划教材

本书获得教育部高职高专文秘类专业教学指导委员会"十一五"科研成果二等奖

秘书日常事务管理

金常德 主 编

雷 鸣 韩开绯 副主编

内容简介

本书根据《秘书国家职业标准》的相关要求，结合企业特别是中小企业秘书类工作的实践，选择 26 个课题进行学习与训练。内容既包括常规意义上的秘书类日常工作，又增加了一些企业行政与后勤方面的综合性事务，还补充了以往教学中常被忽略的一些礼仪性事务，并整合了媒体关系管理、客户投诉处理等内容，使教材呈现"面"上的适当拓宽，立足提升学生秘书类日常事务管理技能，拓展学生的就业能力。每个课题以"课题任务示例"、"课题任务分析"、"课题任务解决"、"课题强化训练"，"课题工具参考"的模块来构成，并强调在技能习得的同时培养学生的悟性。本书不追求传统体系的完整性，而着眼于方便教学中根据实际需要进行剪裁和组合。

本书适合作为职业院校秘书专业的专业课教材，也可作为职业院校相关专业的拓展课教材，还可作为社会读者学习和工作的参考用书。

图书在版编目(CIP)数据

秘书日常事务管理/金常德主编．—北京：北京大学出版社，2010.2
（21 世纪全国高职高专秘书类规划教材）
ISBN 978-7-301-16899-8

Ⅰ.秘… Ⅱ.金… Ⅲ.秘书—工作—高等学校：技术学校—教材 Ⅳ.C931.46

中国版本图书馆 CIP 数据核字（2010）第 017507 号

书　　　名：	秘书日常事务管理
著作责任者：	金常德　主编
策划编辑：	温丹丹
责任编辑：	成　淼
标准书号：	ISBN 978-7-301-16899-8/C·0565
出　版　者：	北京大学出版社
地　　　址：	北京市海淀区成府路 205 号　100871
网　　　址：	http://www.pup.cn
电　　　话：	邮购部 62752015　发行部 62750672　编辑部 62765126　出版部 62754962
电子信箱：	xxjs@pup.pku.edu.cn
印　刷　者：	河北滦县鑫华书刊印刷厂
发　行　者：	北京大学出版社
经　销　者：	新华书店
	730 毫米×980 毫米　16 开本　14.5 印张　284 千字
	2010 年 2 月第 1 版　2020 年 3 月第 6 次印刷
定　　　价：	36.00 元

未经许可，不得以任何方式复制或抄袭本书之部分或全部内容。
版权所有，侵权必究
举报电话：010-62752024；电子信箱：fd@pup.pku.edu.cn

21 世纪全国高职高专秘书类规划教材
编 委 会
（以音序排名）

编委会主任

黄月琼：教授，苏州港大思培科技职业学院副院长
史振洪：教授、主任编辑，钟山职业技术学院新闻传播系主任

编委会副主任

李喜民：教授，郑州牧业工程高等专科学校人文系主任
王瑞成：教授，扬州职业大学文秘教研室主任
吴良勤（兼）：国家二级秘书，钟山职业技术学院文秘教研组长

委 员

蔡 黎	冯修文	关海博	韩开绯
金常德	姬兴华	黎 明	梁春燕
李 琳	李新宇	李红兰	李云芬
李 滢	李 展	李国英	李荣梅
刘红松	雷 鸣	刘慧霞	宋臻臻
邵峥嵘	王菊芬	王 军	王寅涛
王其厅	闻 杰	温 昊	徐思义
谢春红	薛周平	余红平	赵琳红
朱俊侠	周争艳	张秀兰	张 晖

前　言

《秘书日常事务管理》是北京大学出版社 21 世纪全国高职高专秘书类规划教材之一。

本教材的编写根据《秘书国家职业标准》的相关要求，结合企业特别是中小企业秘书类工作的实践，立足秘书人员日常事务管理能力的获得与训练。在内容选择上，既包括了常规意义上的秘书类日常工作，如印信事务管理、邮件事务管理、值班事务管理等，又增加了一些企业行政与后勤方面的综合性事务，如员工招聘管理、日常用车管理、日常消防管理等，还补充了秘书专业教学中常被忽略的一些礼仪性事务，如礼品事务管理、喜庆事务管理、丧仪事务管理等，同时将媒体关系管理、客户投诉处理、突发事件处理等内容整合进来。这样，本教材在内容选择上较之以往同类教材呈现了"面"上的适当拓宽，目的是借此拓展学生的就业能力，所以，本教材所说的秘书日常事务管理取之广义。同时，对于某些内容还做了较为细化的单列介绍，如名片事务管理、上司约会管理等从相关事务中独立出来，体现教材内容在某些"点"上的适当深入。

在编写体例上，本教材打破了传统的章节体例和固有顺序，以 26 个课题形式构成，不追求传统体系的完整性，而着眼于方便教学中根据实际需要进行剪裁和组合。每个课题讲解一项秘书类事务性工作，首先，以"课题任务示例"引入，给学生以感性的认识与思考，提出学习任务；其次，以"课题任务分析"过渡，在"课题任务解决"中介绍该课题应该了解和把握的基本知识（含技能描述）；再次，通过"课题强化训练"来巩固课题学习，而且强调培训学生的悟性，不追求传统意义上的一定有固定答案的练习形式；最后，通过"课题工具参考"列出该课题涉及的具有工具色彩的常用表单、章则、实例等，既是学习的内容，也是便捷的工具。本教材力求行文的简洁，以求给教学活动适当的空间。

本教材在编写过程中，参阅了大量已经出版的秘书专业教材和企业行政管理等方面的读物，参考、借鉴、引用、使用了其中的许多观点、材料、案例等，为行文方便，未能在书中一一注明，一并列入书后的参考文献中。在此，谨向相关作者表示感谢！

本教材由金常德担任主编，雷鸣、韩开绯担任副主编，赵莉、张莹参编。金常德设计编写大纲和编写体例，并经教材组编会议讨论通过。具体编写分工如下：金常德编写课题 18、19、20、22、23、24、25、26，雷鸣编写课题 1、2、6、9、10、11、14，韩开绯编写课题 5、7、8、13，赵莉编写课题 12、15、16、17、21，张莹编写课题 3、4。金常德负责全书统稿，在统稿过程中对全书的内容、体例和

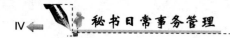

行文风格等进行了修改和完善。

限于编者的学力、视野和时间,本教材难免有错漏,恳请使用本教材的广大师生和社会读者提出宝贵的意见和建议,以便修订时完善,共同为提高高职高专秘书专业教学质量而努力。

编　者

2009 年 12 月

目　　录

课题 1　办公环境管理 1
课题 2　办公用品管理 11
课题 3　电话事务管理 23
课题 4　印信事务管理 31
课题 5　邮件事务管理 41
课题 6　名片事务管理 49
课题 7　值班事务管理 55
课题 8　日常计划管理 61
课题 9　日常会议管理 69
课题 10　日常信息管理 83
课题 11　日常文档管理 97
课题 12　上司约会管理 109
课题 13　开放参观管理 113
课题 14　接待事务管理 119
课题 15　差旅事务管理 133
课题 16　宴请事务管理 141
课题 17　礼品事务管理 147
课题 18　喜庆事务管理 153
课题 19　丧仪事务管理 161
课题 20　媒体关系管理 167
课题 21　零用现金管理 173
课题 22　员工招聘管理 177
课题 23　日常用车管理 187
课题 24　日常消防管理 197
课题 25　客户投诉处理 205
课题 26　突发事件处理 215
附录 221
参考文献 225

课题 1　办公环境管理

课题任务示例

小舒是××公司的总经理秘书。早上上班时,小舒提前10分钟到公司。她首先把上司办公室的窗帘拉起,窗户打开,桌面的文件按照柜架上贴的标签分类码放,把电脑下纠结的电线梳理清楚,把上司到公司就要审阅的重要文件放在办公桌中间。然后,小舒用酒精擦拭自己办公桌上的电话话筒和传真机磁头,清洁自己办公区域的地面、桌面、柜台的卫生,整理自己保管的各类文件。之后,小舒又到接待室把书架上的供阅览的资料、宣传品放回原处,码放整齐。做完这些,上班的上司和同事也陆续来到公司,开始一天的工作。

任务:
1. 秘书小舒对于办公环境的整理给我们带来了哪些启示?
2. 学会科学布置办公环境和维护办公环境的整洁与安全。

课题任务分析

保持和创造科学、良好的办公环境,是秘书人员的职责。一个和谐、美观、整洁、舒适和安静的工作场所,直接对组织的形象和绩效产生影响,有助于办公室日常工作的完成,也有利于秘书人员和上司的健康。加强对日常环境的管理,营造一个令人神静心怡的工作环境,是秘书人员一项经常性的工作。

这个示例情景中,秘书小舒对于办公环境的管理值得我们学习:首先,办公环境的管理在她已经是一种自觉的行为,每天提前10分钟到办公室来完成此项工作。其次,她不仅仅是整理自己的办公区域,还主动整理上司的办公室和公共办公区域,为公司创造了良好的办公环境,自然有利于提升公司的形象,提高大家的工作效率。

课题任务解决

一、基本知识

(一) 布置办公环境

1. 办公室布局的类型

(1) 开放式办公室。开放式办公室是包含单个工作位置组合的大的空间。每一个工作位置通常包括办公桌、纸张和文具的存放空间、文件的存放空间、椅子、电话、计算机。工作位置可能用屏风分开，以吸收噪音和区分不同的工作组。

办公空间开放式设计也称"办公室美化布置"或"办公室模式设计"。它不像传统的封闭式办公室那样有固定分隔的独立空间，而是在开放的办公场地根据需要利用可移动物体随机确定工作间的位置。

（2）封闭式办公室。封闭式办公室是按照办公职能设置分隔式的若干个相对独立办公室。封闭式办公室的设计原则主要考虑常规办公室业务活动的各种因素，如人员、业务特点、职能、设备、空间等因素的稳定性，相关业务处理的连续性和系统性。

开放式办公室与封闭式办公室各有其优缺点，见表1-1所示。

表1-1 开放式办公室与封闭式办公室的优缺点比较

办公室类型	优　点	缺　点
开放式办公室	1. 灵活应变，工作位置能随需要而移动、改变 2. 节省面积和门、墙等，节省费用，能容纳更多的员工 3. 易于沟通，便于交流 4. 易受监督，员工的行为容易得到上司的督查 5. 容易集中化服务和共享办公设备	1. 难保机密 2. 很难集中注意力，员工容易受电话、他人走动等干扰 3. 房间易有噪音，如说话声、打电话和操作设备声易影响他人 4. 员工难于找到属于自己的私人空间
封闭式办公室	1. 比较安全，可以锁门 2. 易于保证工作的机密性 3. 易于员工集中注意力，从事细致或专业工作 4. 易于保证隐私，明确办公空间由自己使用	1. 费用高，墙、门、走廊等占用空间多并要装修 2. 难于监督工作人员的活动 3. 难于交流，员工被分隔开，易感觉孤独

2. 办公室布置的原则

（1）方便。秘书人员应当将自己的座位设在能够清楚看到出口的地方，客人在进入上司办公室时最好能先经过秘书人员的办公桌。不过，秘书人员应当避免自己的座位与上司面对面。

（2）舒适整洁。光线、色彩、气候、噪音、工作间的布置等在不同程度上对上司的情绪都会有所影响，所以对上司办公室来说，很重要的一点就是舒适整洁。整洁有序的工作环境有助于工作效率的提高。不论是办公室、办公桌，还是抽屉等，不要放置与办公无关的东西。办公文具的摆放要井然有序。

小提示

上司的座位应当设在从门口不能直接看到的地方。

（3）和谐统一。办公环境中如果有和谐的人际关系，就能激发工作人员的团队精神，取得最优的工作效果。同时，如果办公桌椅、文件柜等办公室用品的大小、格式、颜色等协调统一，不仅能增强办公室的美观，而且能强化成员之间的平等观念，创造出和谐一致的工作环境。

（4）安全。保证组织的物品安全和信息保密是秘书人员的重要职责之一，也是优化办公环境不可忽略的一个原则。布置办公室时要留意附近的环境和办公室存放财物的安全，一些保密信息，如纸质文件、存储在计算机里的数据等的安全和保密能否得到保障。

3. 办公室布局需要考虑的因素

在设计办公室结构和布局时，需要综合考虑多种因素，见表1-2所示。

表1-2 办公室布局需要考虑的因素

办公室布局需要考虑的因素	具体要求
职工的人数	人数多，需要的空间就要大，费用也要增加
购买或租用的面积	面积越大，费用也越高，尤其是在一些城市的中心地带，地价昂贵必须仔细斟酌
机构的建制和办公空间的分类	如需要多少个部室，各部室的工作性质和职能
组织经营的性质或内容	● 接待区一般安排在离门较近的区域，总经理办公室一般不在大门旁边 ● 带有生产车间企业的办公区一般离门较近，离车间相对远一些，而商店的办公室通常不会安排在商店的大门旁边
部门间的工作联系	应当确保科学有效地实施工作流程，减少或避免不必要的重复与浪费。如将业务相关联、相衔接的部门安排为近邻，减少工作人员和文件流动的次数和距离
办公室的间隔方式	应当符合工作的需要和保密的需要，如开放式办公室的设计能增强人们的交流，而封闭式办公室的设计则易于保密
走廊、楼梯、通道的宽窄和畅通	应当符合安全需要，并安排好公用区域
设计的灵活性	办公室要根据组织的发展变化，在设计上讲究灵活性，如采用容易站立、移动或拆除的间隔物等，以便办公室的设计和改变更为便利
办公室的布局	应当按工作流程和职位进行安排，讲究合理有序，互不干扰

续表

办公室布局需要考虑的因素	具体要求
办公用具	● 使用同样大小桌子，可增进美观，并促进职员的相互平等感 ● 办公桌的排列应当按照直线对称的原则和工作程序的顺序，其线路以最接近直线为佳，防止逆流与交叉现象 ● 设计要精美适用，坚固耐用，适应现代化要求 ● 同一区域的档案柜与其他柜子的高度一致，以增进美观 应当根据不同工作性质，设计不同形式的办公桌、椅
办公室的光线	自然光应当来自桌子的左上方或斜后上方
员工位置安排	主管座位应当位于员工座位之后方，使主管易于观察工作地点发生的事情，同时不因领导者接洽工作转移和分散工作人员的视线和精力
常用办公设施和设备	● 装设充足的电源插座，供办公室设备之用 ● 常用的设备与档案应当置于使用者附近，切勿将所有的档案置于靠墙之处，档案柜应当背对背放置。电话最好是 5 平方米空间范围一部，以免接电话离座位太远，分散精力，影响效率 ● 公用设备如饮水机等应当摆放在交通便捷的公共区域

4. 办公室布置的程序

（1）确定各部门员工工作位置。对各部门的业务工作内容与性质加以考察与分析，分析不同部门业务特点对于办公条件的要求，明确各部门及各员工间的关系，以此为依据确定每位员工的工作位置。

小提示

确定员工工作位置主要考虑四个方面：一是面积、空间的大小；二是人员流动的频率；三是声音对办公效率的影响；四是需要设备及家具量的多少。

（2）设定各部门员工工作空间。列表将各部门的工作人员及其工作性质分别记载下来。按工作人员数额及其办公所需的空间，设定其空间大小。通常办公室的大小因个人工作性质而异。但一般而言，每人的办公空间，在 $3m^2 \sim 10m^2$ 之间即可。

（3）选配办公家具及设施。根据工作需要，选配相应的办公家具、设施和装饰等，并列表分别详细记载。办公室中使用的所有家具应当符合健康要求和安全标准。大多数办公室通常提供给每一个工作人员下列的家具：办公桌、椅子和其他办公使用的设备。办公室的装饰应该仔细考虑专业化及认真工作的外观，另外，愉快的工作环境对工作人员有积极的作用，使他们感到工作场所是愉快的，也是一个激励因素。

> **小提示**
>
> 当计划办公室装饰时，应该考虑下列因素：
> - 颜色——特定的颜色促进平静的工作气氛。
> - 植物——会使办公室让人感到受欢迎。
> - 图片——能使裸露的墙壁更吸引人，有关团队的鼓励标语和成果图片，能表现一个公司的团队精神。

（4）绘制办公室座位位置图。绘制办公室座位布置图，并征询部门人员的意见，根据意见修改设计，完善办公室布置图，然后依图布置。

（5）合理安放设备。在安放办公设备时要考虑以下几个方面：

① 采光。在办公室中提供良好的光照非常重要，从窗户进来的自然光是非常好的光源，但强烈的阳光则太耀眼，特别是照在计算机屏幕上效果更差。窗户上需要安装百叶窗来遮挡日光。

② 温度。温度控制应该在 20℃～25℃为宜。这能保证工作人员在舒适的环境下有效地工作。大多数办公室有中央空调系统，以维持办公室中适合的工作环境。但是还应该经常通风，保证良好的空气质量。

③ 通风。设置可打开的窗户，通风换气有利于员工的身体健康。但装修办公室时还应该注意避免工作区外边的噪音影响办公环境。

（二）维护办公环境的整洁

1. 保持公共办公区域整洁

（1）要保持上司会客室和会议室的清洁，在来访客人离开及会议结束后要及时通知保洁员进行打扫和清理。

（2）正确使用并注意维护复印机、传真机等办公自动化设备，保持周边的整洁，发现问题自己动手或及时找人维修。

（3）对文件柜、档案柜、书架、物品柜等公用资源要经常注意清理，对报刊、文件及公用的办公用品，用后要及时放归原处，保持整洁有序。

（4）注意发现在办公设备、室内光线、温度、通风、噪音、通道等方面存在的有碍健康和安全的隐患，并及时提出建议或通知有关人员进行整改。

2. 保持上司办公区域整洁

（1）每天要定时开窗通风，保持空气的自然清新，并定时测温、测湿，保持适合上司习惯的温度和湿度。

（2）整理上司办公室和办公桌，将文件和物品摆放整齐，文件柜、书架等要保持清洁。

（3）经上司授权后，定期对上司的文件柜进行清理，将文件资料归类保管存放，将一些无用的文件及时清退或销毁。

（4）对上司办公室的花卉、盆景要及时浇水、施肥、剪枝，保持其美观和生机；对办公室内的金鱼要及时喂食、清排鱼缸内的浊物，保持水质的清洁。

（5）给上司削好铅笔，补充好办公用品，如别针、夹子等。如果铅笔、钢笔等在笔筒里摆放不规整，应该把它们码放好，并排朝手这边，以提高工作效率。

（6）上司接待客人后，要及时对烟缸、茶具等进行清洗和整理。

（7）确认纸篓里并无堆放的垃圾。确认钟表、日历是否指示正确。

（8）经常对安全、卫生等状况进行检查，发现问题及时通知有关人员进行修理，时刻保持良好的状态。

3. 保持个人办公区域整洁

（1）摆放在办公桌上的物品都应当是经常使用的，比如记录纸、铅笔、文件夹、剪刀、订书机、胶水、回形针、信封以及其他一些工作上需要的用品，应当将它们整齐地摆放在办公桌上。将不常用的东西转移到其他的地方，在伸手可及的范围内，只保留最为常用的东西。

（2）清理过期的文件。经常对过期文件加以清理，这既节省了翻看文件的时间又腾出了空间。

（3）充分利用办公空间。如果办公场所狭小，就要想办法充分利用每一寸空间。可以将架子安到墙上，桌子下面可以用来放文件或电脑主机。如果桌上要摆传真机、复印机和打印机等多种办公设备，可以考虑购买一台多功能的一体机。

（4）清理旧的阅读材料。如果保存着不少无用的过期的出版物，在清理办公室杂物时将其扔掉。如果担心会丢掉重要的文章，在扔掉它们之前先浏览一下目录，将真正需要的文章剪下来。不要用太多的空间来存放出版物，这样能够缩短阅读和清理的周期。

> **小提示**
>
> 秘书人员维护办公环境的整洁包括上述三个方面的内容，而不仅仅是指个人工作区域的环境管理。

（三）保证办公环境的安全

1. 识别安全隐患

秘书人员首先要能识别工作环境中有碍健康和安全的隐患。办公室常见的安全隐患主要存在于：

（1）建筑方面的隐患。即地面、墙体、天花板、门窗等处存在的隐患，如地板凸起或打滑，墙体及天花板脱落，门窗不严等。

（2）物理环境方面的隐患。即空气、光线、色彩、声音等方面存在的隐患，如光线过强或不足，空气混浊不清，室温太高或太低等。

（3）办公家具方面的隐患。即办公桌椅、文件柜、书架等处存在的隐患，如办公家具摆放不当而阻挡通道，柜橱顶端堆放太多东西有倾斜现象等。

（4）办公设备方面的隐患。即计算机、打印机、复印机、电话等设备及其操作上存在的隐患，如设备连线杂乱纠缠或磨损裸露，电器插头打火，相关设备使用中的辐射等。

（5）消防方面的隐患。即一切影响消防工作的不利因素，如火灾报警失灵，灭火器已损坏，乱堆乱放易燃物品等。

（6）人为的隐患。即由工作中的疏忽大意或不良习惯带来的隐患，如站在转椅上举放物品，复印时将保密原件忘在复印机玻璃板上，离开办公室不习惯锁门等。

链 接

办公室常见的潜在危险

（1）过度拥挤。

（2）办公家具和设备摆放不当。

（3）拖拽电话线或电线。

（4）档案柜、橱阻挡了通道。

（5）家具或设备有突出的棱角。

（6）楼梯踏步平板破旧或损坏。

（7）楼梯上没有扶手或扶手已损坏。

（8）地板打滑。

（9）包裹、行李或家具挡住通道。

（10）由于柜橱顶端的抽屉堆放的东西太多导致其倾倒。

（11）没有关上的抽屉挡住通道。

（12）站在旋椅上取放东西。

（13）在一个密闭的容器里烧水和倒热水。

（14）在不会操作和没有指导的情况下使用设备。

（15）器械破损或有危险。

（16）拖得很长的电线。

（17）接线松开或损坏。

（18）设备未接地。
（19）绝缘不彻底。
（20）电路负荷太大。
（21）没有保险板或保险板松开。
（22）设备从桌上掉下来。
（23）抬举重物。
（24）对已发现的危险的记录不完全。
（25）安全出口被阻塞。
（26）火灾疏散注意事项不完整或没有。
（27）灭火设备已损坏。
（28）防火门被锁住、打不开或平时开着。
（29）用易燃材料做烟灰缸。
（30）清洗液随便放在屋内而且没有封口。
（31）许多废纸堆放在办公室内的一角。
（32）当发生火灾的时候，火灾警报或灭火设备失灵。
（33）当被要求撤离发生火灾的建筑物时拖延或犹豫。

2. 处理安全隐患

秘书人员要定期对办公环境和办公设备进行安全检查，及时发现和排除隐患，做好风险防范：第一，要确定检查周期，定期对办公环境和办公设备进行安全方面的检查；第二，发现隐患，在职责范围内排除危险或减少危险；第三，如果发现个人职权无法排除的危险，有责任和义务报告、跟进，直到解决；最后，将异常情况的发现、报告、处理等过程认真记录在本企业的隐患记录及处理表和设备故障维修单上。

二、模拟演练

根据上述介绍的办公环境管理知识，请同学们分组模拟演练一下任务示例中秘书小舒上班后对办公环境进行整理的情景。

课题强化训练

<训练1>

随着××公司业务的拓展，公司马上要迁入新办公大楼，销售部的新办公室长10米宽8米，为开放式办公室。销售部有经理1人，秘书人员1人，销售人员6人。销售部经理告诉秘书小舒，可以任意设置隔断，但要有一个小型会议室，便于召开部门会议,每个人都要求办公环境要舒适、安静、方便。

假设你是秘书小舒,请根据新办公室的格局和本部门的需要合理设计办公室环境,画出示意图。

<训练 2>

秘书小王每天一上班和下班前都将自己的工作区域清洁整理得干干净净、有条不紊,同时她也主动清洁整理自己常用的复印机、打印机、饮水机、档案柜、公用书架等。每当她看到复印纸抽拿零乱,公用字典扔在窗台,废纸桶满了没人倒,都及时做些清洁整理工作,以维护办公环境的整洁。

秘书小赵每天都认真清洁整理自己的办公桌,常用的笔、纸、回行针、订书机、文件夹以及专用电话等都摆放有序。下班前,她也将办公桌收拾得干净整齐,从不把文件、物品乱堆乱放在桌面上。但小王很少参与清理和维护公用区域,也常将公用资源如电话号码本、打孔机、档案夹等锁进自己的办公桌,常常使别人找不到,影响了工作。

秘书小孙上班匆匆忙忙,接待室的窗台布满灰尘,办公桌上堆的满满当当,电脑键盘污迹斑斑,上司要的文件总是东查西翻,每日常用的访客接待本也总是找不到。自己的办公桌都没有管理清楚,更无暇顾及他处。

请结合三位秘书的做法,讨论分析秘书人员要想维护和保持办公环境的整洁有序,究竟应该怎么做?

<训练 3>

假设你的办公桌上有下列办公用品:电话、文具盒、便签、参考书、文件盒、信封、公文纸、订书机、复印纸、胶水、涂改液、印泥盒、文件夹。

你将如何布置你的办公桌?

<训练 4>

××公司秘书小舒每周都对办公室及其所有设备进行一次安全检查,把事故苗头遏制住,对发现的隐患立即采取补救措施或报告上司,并做好记录工作。

这天又到了小舒进行安全检查的时间了,她应该怎么做呢?

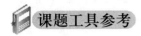

课题工具参考

××公司隐患记录及处理表

序号	时间	地点	发现的隐患	造成隐患的原因	隐患的危害和后果	处理人	采取的措施

××公司设备故障维修单

时　　间		发现人	
设备名称			
何　故　障			
维修要求		维修负责人	
预约维修时间		完成维修时间	

课题 2 办公用品管理

 课题任务示例

××公司办公室主任让秘书小舒负责办公用品的库存管理。刚开始,小舒手忙脚乱:同事急着要复印明天参展的资料,却发现储物间中复印纸已所剩无几;每次购买办公用品时,不知道到底该买多少才能既够用又不造成闲置;还有的同事三天两头来领同一种物品……后来,小舒认真学习了有关库存管理的相关知识,为每类办公用品制作了库存控制卡,加强了办公用品的管理和监督,成为办公用品库房的好管家,深得好评。

任务:
1. 如果你是秘书小舒,你应该怎样管理办公用品?
2. 学会办公用品的购置、发放、库存管理等技能。

 课题任务分析

日常办公用品多是细小、琐碎之物,但是这些物品是完成日常工作所必需的,做好日常办公用品的购置、发放、库存管理等工作,对提高工作的效率、保证工作的完成起着重要的作用。秘书人员有责任、有义务管理好日常办公用品。

这个示例情景中,一开始秘书小舒工作中出现的问题,如复印时发现复印纸储存不够,每次购买办公用品时都心中没数等,从库存管理的角度反映出了她在日常办公用品管理上的无序状态,自然影响了正常的工作。秘书人员是"管家婆",似乎在这点上体现得更具体。

 课题任务解决

一、基本知识

(一)办公用品的订购

1. 常见的办公用品种类

办公室中常见的办公用品具体有以下几种:

(1) A4 和 B5 或 A3 和 B4 文件纸。用于打印各类文件。

(2) 备忘录或便条。内部交流时使用,可用于计算机或打字机。

(3) 信封。在办公室中应当常备各种尺寸的信封,用于邮寄不同的资料。有的信封是自粘贴的，有的需要用胶水粘贴。

（4）标签。用于打印姓名和地址，并粘贴在信封、文件、索引卡片等上面。

（5）复写纸。用于打字机上复制文档，或夹在适当的表格中间用手填写。

（6）装订机和订书钉。用于订住相关的纸页。

（7）修正液、修正纸带。用于修正手写或打印的错误。

（8）打印机墨盒。应当保持连续供应，以确保用完一个可以及时替换。

（9）留言便笺。打印的留言便笺用在多数办公室中，作为工作人员获取留言的正式途径。自粘贴留言便笺可方便地记事和提醒，并能粘贴在电话旁边或文件封面。

（10）各类文件夹和塑料袋。用于存放各种文档。

（11）铅笔和圆珠笔。这些应当在办公用品柜中保持充分供应，圆珠笔应当有各种颜色。

（12）胶带、细绳和牛皮纸。胶带经常用于粘接内有保密信息或支票的信封，细绳和牛皮纸需要用来包扎包裹。

（13）剪刀。包扎包裹时用来剪断胶带等。

（14）打孔机。在整理文件之前给单独几页或多页文档打孔，可以使用于不同类型的活页夹。

（15）日期戳。在收件夹上加盖日期戳，文件传递给不同人员时经常需要加盖日期戳。

（16）曲别针、大头针、小夹子。用来夹持不同厚度的文档。

（17）橡皮圈。用于捆扎保护纸页、文件等，一个办公室往往需要各种尺寸的橡皮圈用于不同的地方。

（18）笔记本、速记本。用于工作人员做笔记。

2. 办公用品的订购方式

（1）电话订购。大多数的日常办公用品都是通过电话从供应商处订购。

（2）传真订购。有些设备和办公易耗品的订购，需要给供应商发传真，详细列出订购的货物名称、数量、类型、送货时间等细节，这样才能让供应商清楚订购需求。供应商在接到传真后，会按要求送货上门。

（3）填写订购单。有些单位有正规的货物订购单，在订购时需要将订购单填写好，邮寄或传真给供应商，供应商会根据订购单上面的要求送货上门。

（4）互联网服务。通过访问互联网，利用电子商务来为本单位的采购服务。如通过网上广告了解新的办公设备或本单位所需要的办公用品的信息，进行价格的比较，从网上商店购买，进行电子贸易，运用电子银行、电子货币等多种服务。

> **小提示**
>
> 在网上购物应该慎重，挑选好所购买办公用品和耗材的质量、价格、型号等多项质量指标，再确定购买与否。

3. 办公用品的订购程序

（1）了解办公用品需求。秘书人员应当根据办公用品购置计划，定期检查办公用品库存记录和使用记录，按照库存控制的标准适时添置办公用品。办公用品如有购置需求，秘书人员应当及时记录下来所需购置办公用品的名称、种类、数量及要求。

> **小提示**
>
> 注意要科学管理办公用品的存量，不要积压，也要避免供不应求。

（2）提出购买申请。由需要购买办公用品的人或部门填写办公用品申购表，并由部门负责人签字，说明需要该设备的理由及具体的型号、数量等内容。

（3）初审购置单。秘书人员应当将购置单交本部门负责人，审核购置。本部门负责人审核的重点是购置物品的必要性、物品数量、规格等。如单中所列物品确有必要，本部门负责人签名表示同意购置。

（4）财务审批。秘书人员将购置单交财务部门负责人，审核是否符合财务管理规定，是否有经费保证，然后签署意见。经财务部门负责人审核，确认有相应经费项目余额，就签字表示同意。

（5）终审购置单。秘书人员将财务部门签署同意的购置单交单位主管领导人，审核是否经过了全部审批程序，各级审核意见是否一致，是否符合单位经费开支计划，然后签署意见。这是最后一道审核关。

（6）照单购物。秘书人员将单位主管领导人签署同意的购置单交本单位专门负责物品采购的部门或人员，按购置物品程序购置。

（7）物品验收。秘书人员根据逐级批准的购置单验收已购物品，二者相符后，填写验收单，经手人签名。

（8）物品登记。秘书人员将物品逐一登记入库后，就可以领用了。物品登记项目要齐全，不要有疏漏。

> **小提示**
>
> 填写购置单时应当确认当时的市场价格，避免价格不实

（二）办公用品的发放

1. 办公用品发放的要求

（1）指定发放人员。办公用品不可随便交给别人代为发放，或由员工们随意

领取,因为如果不进行适当的控制,势必会引起混乱,甚至出现意想不到的某些用品的短缺。

> **小提示**
>
> 秘书人员对于办公用品发放的情况应该做到心中有数,并制作需求单。

(2)规定发放时间。按单位的有关制度规定发放时间,例如,可以把每月的前几天定为发放办公用品的固定时间,合理估算相应周期内办公用品的一般使用量,然后进行合理发放。

(3)清点、核实发放的办公用品。对于分发了什么办公用品、都发给了谁,秘书人员应该留有一张发放清单,这样即使是很长时间以后也能够清楚地知道谁领走了什么东西,什么时候可能用完。

> **小提示**
>
> 也可以在物品的包装纸上做一些记号,将一个月里领走的办公用品的数目划掉,在包装上记下新的余数,这样在月底将包装纸上的余数记在备案清单上即可。

(4)提醒节约利用办公用品。办公用品发放以后,可以采用监视控制的方法,监视办公用品的使用情况,定期检查,同时控制办公用品的发放数量,严格管理办公用品,防止办公用品流失或用于非办公项目。同时,要教育工作人员节约利用办公用品。

链 接

常用办公设备的节约利用方法

● 复印机

公司经常购买定期维修服务,如果经常要大批量复印,公司可以使用几种复印机管理系统来控制复印开支、调整和记录各个办公室和各项计划的使用情况。复印机控制器监督和控制复印机及其他设备的使用,有的只是简单的一把锁,有的却是完全电脑化的独立系统。

在这样的情况下,有的使用者必须将钥匙插入复印机内方能复制;有的使用者必须把一张小卡片(塑料的或计算机磁卡)放进复印机内后复印机才能正常启动,复制副本;有的则是在一段时间内将一定数量的硬币发放给使用者,使用者只有将一枚硬币投入机内,才能启动机器进行复印。

如果你的公司没有复印机管理系统,使用相对来说也不多,你可以考虑设计自己的复印登记表。你的表格上应该划有横线,标有类目、复印日期、复印页数、复印者、复印目的以及其他公司要求写清楚的信息,如使用者的账号,这样便于记账。如果你所在公司是家很小的公司,那么使用事先印制好的分栏账簿就可以了。

在这种情况下,申请复印时必须填写有详细要求的申请表,并在复印前由主管人员签字批准。还可以发复印卡以限制部门的使用。较昂贵的复印如彩色复印,一般不能自由使用,可由中心服务区按部门根据需要复制,并由各个部门独立核算成本。

其他方法还有,安排专人负责复印机的管理,所有使用复印机的人必须听从此管理者的安排;复印机工作时,必须记录机器全部复印过程。

● 传真机

可以指定人员管理传真机的使用,做登记并保留所有的发送记录,其中应该包括日期、发送信息人的姓名和信息接收者等细节。

● 计算机、打印机和互联网

很多单位已经在工作中提供该类设备,但在使用中要注意以下几点:昂贵的设备要限制使用;彩色打印要集中管理并由各部门独立核算成本;严格监督互联网的使用,限制办公时间内工作人员与工作无关的网上冲浪。

● 电话和移动电话

尽量减少员工在单位打私人电话;控制国内、国际长途电话的使用;按单位有关规定使用移动电话;定期检查并核对电话账单以控制开销等。

2. 办公用品发放的程序

(1)填写领用单。领用物品的员工需要首先填写两联办公用品领用单,两联领用单要装订成册,连续编号,填写项目要齐全。

(2)审批领用单。领用物品的员工将填写完的领用单交所在部门负责人审批,所在部门负责人若同意则在领用单上签名。

(3)领用单盖章留底。领用物品的员工将部门负责人签名的领用单交本部门秘书人员,在两联骑缝处盖本部门公章,撕下一联交还员工用于领物,另一联留底,用于对账。秘书人员要确认领用单内容是否符合规定。

(4)登记领物。领用物品的员工将领用单交库房保管员,并在物品库存分类记录上登记,领取物品。

(三)办公用品的库存管理

1. 库存控制

库存控制涉及三个概念,即最大库存量、最小库存量和再订货量。

(1)最大库存量。是为防止物品超量存储而保存该项物品的最大数量,库存物品的数量在任何时候都不能超过这个最大量。它使资金不被过多地滞压在库存物品上,能节约宝贵的库存空间,并使库存物品及时利用。

（2）最小库存量。是以防物品全部消耗完而保存的该项物品的最小数量，当库存余额达到这个水平，必须采取紧急行动检查是否已经订货，并与供应商联系，确定可以接受的交货时间。紧急时有必要向供应商紧急订购，以保证在很短的时间内就能交货。

（3）再订货量。也称重新订购线，这是提醒购买者库存需要重新订购的标准，当库存余额达到这个水平，必须订购新的货物来使余额达到最大库存量。这个数字是由物品的平均使用量、物品交货时间的长短决定的。

> **小提示**
>
> 再订货量一般用下面的公式计算：重新订购线 = 日用量 × 运送时间 + 最小库存量。

2. 库存记录

在一个有效的库存控制系统中，准确的库存记录可以起到以下作用：第一，保证大量的资金不被不必要的库存占用；第二，保证空间不被用来存储不必要的货物；第三，能监督个人和部门对物品的使用；第四，保持充足的库存，以保证组织的顺利运作和消除由库存短缺而引起的工作迟延；第五，监督任何偷窃和破坏造成的损失；第六，可利用准确的库存进行估价。

库存记录可以用手工记录在一连串的库存记录卡片上，或在计算机中使用库存控制软件包、电子表格或数据库。无论使用什么系统，都记录同样的信息。每一种物品都要有一张库存卡。库存控制卡用以登记、接收和发放物品，并使管理人员随时掌握物品的最大库存量、最小库存量和再订货量。

库存控制卡上的内容主要有：

（1）项目。包括大小、颜色和数量，如 A4 白文件纸。

（2）单位。货物订购、存储和发放的单位，如盒、包等。

（3）库存参考号。给每一库存项编号，经常与存放位置相联系，如 B6，表示柜子编号 B，架板编号 6。

（4）最大库存量。一项物品应该存储的最大数量，这个数字考虑到费用、存储空间和保存期限。

（5）再订货量。当库存余额达到这个水平，必须订购新的货物。

（6）最小库存量。当库存余额达到这个水平，必须采取紧急行动检查订货情况，确保很快交货。

（7）日期。必须记录所有行动的日期。

（8）接收。记录所有接收信息，包括发票号和供应商的名字。

（9）发放。记录清楚发放物品的数量，所发放物品的申请号和物品发给的个人/部门。

（10）余额。在每一次处理后计算物品库存余额。在物品接收时在余额上加上接收的数量，物品的发放将从余额中减去发放的数量。余额应该代表库存物品的实际数量，并用于执行库存检查。发现差异要通知和报告给管理人员。

> **小提示**
>
> 库存的每一项都应该记录在库存控制卡片上。秘书人员每次物品发放或接收时都要填写这张卡片，并记录该项库存的余额。要保证进货卡、出货卡和库存卡三卡一致。

3. 库存管理的程序

（1）选择供应商。选择办公用品供应商时，要综合考虑以下因素：供应商给出的价格和相关费用支出；货物的质量和交货时间；供应商提供的服务是否方便；供应商所在地点是否离本单位较近；供应商送货过程的安全性；供应商的卖货手续及相关发票、单据是否齐全等因素。

> **小提示**
>
> 供应商给出的价格会因某些情况而有水分，秘书人员应当掌握一些降低价格的方法，如批量购买、利用其节日削价或将其指定为本单位唯一的办公用品供货商等。

（2）选择订购方式。即选择直接购买、电话订购，还是传真订购、网上订购等方式。不论采用哪种订购方式，秘书人员一定要保留一张购货订单，收到货物时，要将实物与订单一一核对，以防出错。

（3）办理进货手续。在收到货物后，应当准确办理进货手续，保证办公用品准确无误地入库、登记、检验、核对，衔接好办公用品采购、进货、发货和使用的中间环节。

办理进货的程序主要包括：

① 使用订货单核对对方交付货物时出具的交货单及货物。
② 要注意货物的数量，一定要将购货订单与实物认真核对，如数量不对，应当立即通知采购部门联系供应商，按真实数量支付货款。
③ 在办公用品库存卡的接收项中，应当填入所接收的每一类货物的详情。
④ 更新库存卡中的库存余额。
⑤ 将接收的货物按照办公用品存储规定存放好。

> **小提示**
>
> 在接收货物时，一定要确保送来的货物与所订购的货物，无论是数量上还是型号上都完全一致，做好记录。

（4）保管。办公用品进库后，必须保存在安全的地方，以防物品损坏或失窃，消除事故，如火灾隐患等。物品要摆放整齐，当需要时能容易找到。

库存保管中应采取的措施主要有：

① 储藏间或物品柜要上锁，保证安全，减少丢失，储藏需要的面积取决于单位对所需物品储存量的大小。

② 各类物品要清楚地贴上标签，标示类别和存放地，以便能迅速找到物品。

③ 新物品置于旧物品的下面或后面，先来的物品先发出去，这保证物品不会因过期而不得不销毁。

④ 体积大、分量重的物品放在最下面，以减少从架子上取物时发生事故的危险。

⑤ 小的物品、常用的物品，如订书钉盒，应当放在较大物品的前面，以便于看见和领取。

⑥ 储藏间要有良好的通风，房间保持干燥。

⑦ 储藏办公用品的房间应有良好的照明，以便容易找到物品。

二、模拟演练

根据上述介绍的办公用品管理知识，请同学们给任务示例中的秘书小舒提供一些日常办公用品管理方面的参考意见，并模拟演练后来小舒正确管理办公用品的一些场景片断。

 课题强化训练

<训练 1>

××公司销售部秘书小赵负责本部门办公用品的管理工作。2009 年 3 月 16 日上午，她按照惯例查看办公用品库存记录，发现文件夹、订书针、圆珠笔、信封等办公文具消耗品已显不足，需要购置。小赵立即着手办理购置这些办公用品。

假如你是秘书小赵，请模拟演练她购置办公用品的过程。

<训练 2>

作为××公司总经理办公室的秘书，小赵有负责管理办公用品的职责。每次她都严格按照规定，非常负责认真的发放办公用品，一点儿都不马虎。这天又到了规定发放办公用品的日子，行政部的小王来领取办公用品。小王这次要领 3 个打印机墨盒，5 包打印纸，7 个文件夹，5 本稿纸和 12 支圆珠笔。小赵立即按照程序开始工作。

假如你是秘书小赵，请模拟演练她发放办公用品的过程。

<训练 3>

××公司总经理办公室秘书小赵负责公司办公用品的管理工作。最近，公司

刚刚购置了一批办公用品,包括打印机墨盒、打印纸、文件夹、稿纸、圆珠笔等。

请思考小赵对这些办公用品应该如何管理?

<训练4>

请到你所在系的办公室,调研一下其对日常办公用品的管理情况,分析优劣,并提出建设性意见。

××公司办公用品管理规定

<u>第一章　办公用品的购买</u>

第一条　为了统一限量、控制用品规格以及节约经费开支,所有办公用品的购买,都应遵循本规定。

第二条　根据办公用品库存量情况以及消耗水平,确定订购数量。

第三条　调整印刷制品格式必须由使用部门以文书形式提出正式申请,经企划部门审核确定大致的规格、纸张质量与数量,然后到专门商店采购,选购价格合适、格式相近的印刷制品。

第四条　各部门申购办公用品,还必须另填一份"办公用品购买申请书",经办公用品管理部门确认后,直接向有关商店订购。

第五条　办公用品管理部门,必须依据订购单,填写"订购进度控制卡",卡中应写明订购日期、订购数量、单价以及向哪个商店订购,等等。

第六条　所订购办公用品送到后,办公用品管理部门要按送货单进行验收,核对品种、规格、数量与质量,确认无误,在送货单上加盖印章,表示收到。然后,在订购进度控制卡上做好登记,写明到货日期、数量等。

第七条　收到板品　后,对照订货单与订购进度控制可,开局支付传票,经主管签字、盖章,做好登记,转交出纳室负责支付或结算。

第八条　办公用品原则上由总公司统一采购,分发给各个部门。如有特殊情况,允许各部门在提出"办公用品购买申请书"的前提下就近采购。在这种情况下,管理部门有权进行审核,并且把审核结果连同申请书一起交付监督检查部门保存,作为日后使用情况报告书的审核与检查依据。

第二章　办公用品的申请、分发领用及报废处理

第九条　各部门的申请书必须一式两份,一份用于分发办公用品,另一份用于分发领用品台账登记。在申请书上要写明所要物品、数量与单价金额。

第十条　办公用品的核发

1. 接到各部门的申请书(两份)之后,有关人要进行核对,并在申请受理册上做好登记,写上申请日期、申请部门、用品规格与名称以及数量,然后再填一份用品分发通知书给发送室。

2. 发送室进行核对后,把申请所要全部用品备齐,分发给各部门。

3．用品分发后做好登记，写明分发日期、品名与数量等。一份申请书连同用品发出通知书，转交办公用品管理室记账存档；另一份作为用品分发通知，连同分发物品一起返回各部门。

第十一条　对决定报废的办公用品，要做好登记，在报废处理册上写清用品名称、价格、数量及报废处理的其他有关事项。

<u>第三章　办公用品的保管</u>

第十二条　所有入库办公用品，都必须一一填写台账（卡片）。

第十三条　必须清楚地掌握办公用品库存情况，经常整理与清扫，必要时要实行防虫等保护措施。

第十四条　办公用品仓库一年盘点两次（6月与12月）。盘点工作由办公用品管理室主管负责。喷点要求做到账物一致，如果不一致必须查找原因，然后调整台账，使两者一致。

第十五条　印刷制品与各种用纸的管理按照盘存的台账为基准，对领用的数量随时进行记录并进行加减，计算出余量。一旦一批耗费品用完，应立即写报告递交办公用品管理室主管。

第十六条　必须对总公司各部门所拥有的办公日用低值易耗品，主要指各种用纸与印刷制品，作出调查。调查方式是，每月5日对前一个月领用量、使用量以及余量（未用量）作出统计，向上报告。办公用品管理室对报告进行核对，检查各部门所批统计数据是否与仓库的各部门领用台账中的记录相一致。最后不报告分部门进行编辑、保存。

<u>第四章　办公用品使用的监督与调查</u>

第十七条　对总公司各部门的办公用品使用情况要定期进行调查，调查内容包括：

1．核对用品领用传票与用品台账。

2．核对办公用品购买申请书与实际使用情况。

3．核对用品领用台账与实际用品台账。

第十八条　核对

1．核对收支传票与用品实物台账。

2．核对支付传票与送货单据。

××公司办公用品需求单

所需物品	规　格	数　量	备　注

申请部门：	申请人：	日　期：
主管签字：	日　期：	

××公司办公用品购置审批单

制表日期： 年 月 日

申请部门		经手人				
品　名			单　位	单　价	数　量	合　计
金额总计	（大写）：					
购置理由及部门意见				部门：　　　　负责人签名： 　　　　　　　　　　年 月 日		
公司财务部门意见	负责人签名： 年 月 日	公司领导意见		签名： 年 月 日		

××公司库存物品分类登记表

编号：　　　　　类别：　　　　　　　　　　　　　　　　第　　页

品　名	单　位	数　量	入库日期	出库日期	领用单号	当前库存

××办公用品发放备案清单

时　间	姓　名	所领物品	数　量	签领人

××公司办公用品领用单

存　根	××公司办公用品领用单
领用人签名：	部门名称：
领用物品名称及数量：	领用人签名：
	领用物品名称及数量：
部门负责人签名：	部门负责人签名：　　　　（部门公章）
年　月　日	年　月　日

××公司领用物品分类记录表

编号：　　　　　类别：　　　　　　　　　　　　　　　第　　页

品　名	单　位	数　量	出库日期	领用人	当前库存	领用单号	备　注

××公司库存控制卡

物品：	最大库存量：
库存号：	重新订购线：
存放位置：	最小库存量：
	单位：

日期	接收		发放			剩余库存量	订购			备注日期
	数量	发票序号	数量	代码	部门/职员		订购日期	数量	订购序号	

课题 3　电话事务管理

课题任务示例

　　一天,××公司的唐先生要找 A 公司咨询商务事宜,但他拿起电话却顺嘴说成了要找 B 公司。A 公司的秘书小李一听对方要找的是自己的竞争对手,马上说:"你打错了。""啪"的一下就挂了电话。等唐先生回过神来,觉得很不舒服,他以前也跟小李联系过几次,对方给他留下了很好的印象,没想到对方的温文尔雅都是装出来的,实际上是这副"尊容"。唐先生非常失望,下决心再也不和 A 公司合作了。

　　任务:
　　1. 假设你是秘书小李,你应该怎样处理这个电话?
　　2. 学会正确地打出电话和接听电话。

课题任务分析

　　在现代社会,人们越来越离不开电话这种通讯工具,电话沟通也已成为秘书人员处理日常事务的必要媒介和具体内容。秘书人员每天都要通过电话进行大量的对内、对外的联络工作,对于提高工作效率和质量起着不可忽视的作用,同时也展现着秘书人员的自身形象和其所在组织的形象。

　　这个示例情景中,虽然是对方不慎将 A 公司说成了 B 公司,而且 B 公司又是 A 公司的竞争对手,但是秘书小李在处理这个电话上仍有欠职业水准,结果一时的情绪化带来了使公司失去合作伙伴的"恶果",看似"偶然的小事",却是"必然的大事",教训必须吸取。秘书人员必须认识到,礼貌、准确、高效地接打电话其实是其一项重要的业务与技能。

课题任务解决

一、基本知识

　　(一) 打出电话

　　1. 熟悉拨打电话的程序

　　一般来讲,秘书人员打出电话应当遵守这样的程序:梳理通话内容→确认对方单位名称及电话号码→准确拨打对方电话号码→拨通后自我介绍→说出要找的人的姓名→礼貌性地寒暄→陈述通话事项→确认通话要点→礼貌地道别→挂断电话。

2. 选择恰当的通话时间

秘书人员要确定打出电话的时间，既要有打电话的需要，也要考虑对方的情况，要考虑何时通话最好，通话多长时间为妥。除特殊情况外，公事最好在上班时间打电话，最佳通话时间是双方约定的时间和对方方便的时间。刚刚上班的前40～60分钟，特别是周一，往往是最忙的时候，人们一般不太愿意被电话干扰。万一不得已必须要在对方不方便的时候通电话，应当及时道歉并说明原因。

小提示

即使是私人电话也应该避开用餐时间、睡眠和休息时间。

通话有个三分钟原则，即每次通话一般不要超过三分钟，宁短勿长。

3. 明确通话的目的

打电话前要明确通话的目的，即电话要打给谁、为什么要打这个电话、要说什么事情等，以便使拨通电话后能够迅速而有条理地说出所要交谈的事情。所以，在打电话前要仔细核对对方电话号码，确保一次拨号就成功通话，而且要准备好通话中要用到的文件、资料或数据等，甚至有必要在记事本或便条上先列出电话中要交谈的事情。通话时先把通话要点告诉对方，然后再详细说明内容。

小提示

如果自己打错了电话，应当立即向对方道歉："对不起，我拨错号了。"切不可盘问对方的号码，只需讲明自己拨叫的号码让对方确认即可。

4. 端正通话的姿态

打电话过程中不能吸烟、喝茶、吃零食，即使是懒散的姿势对方也能"听"出来。若坐姿端正、身体挺直，所发出的声音就会亲切悦耳、充满活力。因此打电话时，即使看不见对方，也要当作对方就在眼前，尽可能注意自己的姿势。声音要温雅有礼，以恳切之语表达。嘴与话筒之间保持3厘米距离，适度控制音量，以免对方听不清楚而滋生误会，或声音粗大，让人误解为盛气凌人。

5. 礼貌地结束通话

通话结束，要礼貌地向对方道别，如说"谢谢！"、"再见！"等礼貌用语，不可只管自己讲完就挂断电话。挂机时先将听筒耳机一头朝下，按住叉簧，切断通话，再放下话筒一端。挂机后要确保电话切实挂断，否则影响来电呼入，甚至还可能造成泄密。

> 链 接

拨打电话的 5W1H 原则

Who —— 何人（自报自己的姓名、身份、职务等）。
When —— 何时（选择合适的时间并询问对方是否方便通话）。
Where —— 何地（选择合适的通话场所及地点）。
What —— 何事（想好并记录自己的通话内容）。
Why —— 何因（以简明清晰的语言表述通话的主要理由）。
How —— 如何做（注意拨打电话的礼仪）。

（二）接听电话

1. 熟悉接听电话的程序

一般来讲，秘书人员接听电话应当遵守这样的程序：电话铃响及时摘机→自报家门→确认对方→与对方交流或倾听记录→确认通话要点→礼貌地道别→挂断电话。

2. 及时地接听应答

每当电话铃响，秘书人员最好在第二声铃响之后、第三声铃响之前迅速摘机应答，即主动问好并作自我介绍，如"您好！这里是××公司，我是行政秘书××。"以便对方确认自己所打电话是否准确。如果因为一些特殊原因未能及时摘机应答，摘机后应当首先向对方表示歉意，如"对不起，让您久等了。"

> 小提示
>
> 秘书人员一般应当将电话放在办公桌的左手边，这样便于电话铃声响起后，能够迅速用左后拿起话筒，右手做记录。

3. 辨别对方的身份

电话接通后，如果对方未表明身份和用意，秘书人员应当用礼貌的方式来了解对方的身份和来电意图。如"请问您是……"特别是对于找自己上司的电话更要注意这一点。在未弄清楚对方身份的情况下，不要轻易地把电话转给上司或谈论有关话题。

> 小提示
>
> 如果一接电话就能辨认出对方是谁，就可以直接称呼对方，如"啊，是×经理，您好！"这样会给对方留下特别亲切的印象。

4. 认真地倾听记录

通话过程中，秘书人员要注意倾听，弄清对方意图，认真做好记录。没有听清楚或没有听明白的地方，一定要请对方重复或解释，确保记录信息准确。对于重要的事项，一定要做好详细的记录。如果对方询问某个问题，自己又需要放下话筒进一步查问才能够答复，则要向对方说明情况，并询问对方可否等待。另外要主动复述来电内容，与对方核对，既保证内容无误，又利于自己强化记忆。

> **小提示**
>
> 当对方陈述事项时，可以适当插用一些短语或其他反应方式，如"好的"，表示自己在认真倾听，而且不要在对方的话没有讲完时就打断对方。

5. 仔细地代转电话

秘书人员接到找其他人的电话，如果对方要找的人就在附近，应当立刻去找，不要拖延。如果对方要找的人不在，自己无法处理，应当委婉地探求对方来电的目的，可请对方留下电话号码，或询问对方需要怎样的帮助。不到万不得已时，不要把自己代人转达的内容再托他人转告。

6. 礼貌地结束通话

通话结束，待对方说完"再见"，等待 2～3 秒钟后轻轻放下话筒挂断电话。一般情况下，应当让对方先放下电话。待对方已经挂机后，再轻轻放下听筒，并检查是否挂好。如果对方说完主要内容后还没完没了，应当以适当的借口礼貌地结束通话，如"请放心，我一定转达。再见！"

> **小提示**
>
> 线路中断时，主动打电话的一方应当重拨电话，越快越好，接通后先表示歉意。
>
> 若在一定时间内打电话的一方仍未重拨，接电话的一方也可以拨过去。

（三）处理特殊电话

1. 纠缠电话

这类电话的发话者为了达到自己的目的，三番五次地来电话纠缠，甚至还有人经常打骚扰性的纠缠电话，容易让人心烦意乱，拿不定主意。面对这类电话，秘书人员要不怒不躁，不被对方利用，同时也要礼貌地回绝，不留任何余地。

2. 匿名电话

这类电话的发话者既不愿报上姓名，也不愿说明打电话的动机，只一个劲地要直接找上司。面对这类电话，秘书人员要保持彬彬有礼的态度，坚持不报姓名或不说明来意就不打扰上司的原则。如果是反映有关情况的电话，要保持冷静，向有关负责人反映。

3. 投诉电话

这类电话的发话者往往感情比较冲动，言辞过于激烈，尤其是投诉属实的情况。面对这类电话，秘书人员要心平气和，冷静耐心地倾听，等对方发完火后再诚恳地解释原因或提出建议，绝不能针锋相对，意气用事。

4. 告急电话

秘书人员若接到告急电话，如因突发事件、自然灾害等请求解决或帮助时，应当沉着、冷静、细心、果断、迅速地予以处理，尽快弄清楚事情的来龙去脉，或在自己范围内提出初步处理意见，或马上向有关部门请示汇报。

5. 推销电话

这类电话一般都是推销商利用公用电话号码簿提供的资料打来的，而且有的推销商还三番五次地打来，面对这类电话，秘书人员要根据单位的规定，礼貌而明确地拒绝对方，不要过于模糊和婉转。

6. 错打电话

这类电话往往由于对方记忆错误或忙中出错所致。面对这类电话，秘书人员要以礼相待，不可出言不逊，也不可简单处置，如只说"打错了"就一下挂断电话，而应当说"您可能打错了，这里是××公司"。

7. 恐吓电话

这类电话往往是有些人为了某种目的，采用威胁的办法提出各种条件，但大多都与经济利益有关。面对这类电话，秘书人员要警惕而冷静地处理，巧妙运用语言与之周旋，同时利用设备保存好证据，并及时向上司报告或报警。

8. 唠叨电话

这类电话的发话者是一些"长舌妇式"的人，爱在电话中说一些毫无意义的话题，如果一直听下去既浪费时间，又可能耽误其他电话，还可能让发话者得寸进尺，没完没了。面对这类电话，秘书人员最好的办法是使用善意的谎言。

二、模拟演练

根据上述介绍的电话事务管理知识，请讨论任务示例中的秘书小李应该如何正确处理对方"错误"的电话，然后分角色扮演，进行模拟演练。

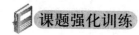

课题强化训练

〈训练 1〉

你正在接听一个电话,这时另一部电话的铃声又响起,你该怎么应对?

〈训练 2〉

请比较分析下面两段秘书人员与来电者的电话对话(片段):

● 对话 A:

秘书人员:您好!××公司总经理办公室。

来电者: 您好!请问张总经理在吗?

秘书人员:对不起,他不在办公室。请问您是哪里?

● 对话 B:

秘书人员:您好!××公司总经理办公室。

来电者: 您好!请问张总经理在吗?

秘书人员:请问您是哪里?

来电者: ××公司的李××。

秘书人员:对不起,张总经理不在办公室,要留话吗?

〈训练 3〉

一天,秘书小刘在几分钟内连续几次接到同一个人错打的电话,可是每一次对方都是什么都不说就把电话都挂了。小刘非常恼火,于是特意按照来电显示屏上的那个号码拨通电话,狠狠把对方臭骂了一顿。

你认为小刘做得对吗?你认为应该怎么处理?

〈训练 4〉

作为一位秘书人员,需要对公司的商业信息保密。秘书小王接到一个客户的电话,询问他们公司的一些信息,同时又问了一些属于机密的问题。小王直接回答说:"我们有规定,这些属于商业秘密不能外传。"结果客户电话里传来的是"嘀,嘀……"的声音,对方挂断了电话,后来听说这位客户买了其他企业的电缆。

请为秘书小王想一个两全其美的办法,既能不得罪客户,为企业争取到客户,又能对公司的商业信息保密。

〈训练 5〉

秘书小张刚上班,就接到总经理从会议室打来的电话,说上午有位姓吕的客人要来,因他正在开会,暂时不想见这位客人,必要时可以让副总经理见一下,并让小张热情接待。刚放下电话,那位客人就到了。客人说自己是总经理的好朋友,有急事要见总经理本人。小王告诉他总经理不在。那位客人便说:"我知道你们总经理没有外出,他刚才还给我打了个电话呢。"

假如你是秘书小张,你会怎么处理呢?

<训练6>

××公司的秘书小丁正埋头起草一份文件,电话铃响了,拿起电话,小丁听着对方的声音,辨别出又是那位推销员朱×打来的电话。第一次他来电时,小丁听着朱×的自我介绍,判断这电话不是经理正在等的电话,也不是紧急要事。于是她说:"很抱歉,经理不在。请你留下姓名、地址、回电号码,我会转达给经理的。"可对方非要找经理本人不可。挂断电话,小丁就此事汇报了经理。经理听后,告诉她,曾在一次交易会上见过此人,印象不佳,不想和他有生意上的来往。十天前,朱×又来电话,小丁说:"对不起,经理仍然不在。我已将你的情况和要求转告经理,目前他非常繁忙,尚未考虑与你联系。"随即主动挂断了电话。

现在,朱×第三次来电,小丁应该怎么办?

<训练7>

请分组讨论秘书人员如何使用移动电话,然后各组选出一名同学做汇总发言,最后由老师做总结。

<训练8>

请分组讨论秘书人员如何进行电话留言,然后各组选出一名同学做汇总发言,再由老师做总结,最后请几名同学模拟演练电话留言。

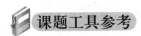

课题工具参考

××公司电话打出记录单

通话人		通话时间			
去电号码		去电单位		接听人	
去电内容:	1. 2. 3.				
通话结果:	1. 2. 3.				
处理意见:	1. 2. 3.				

续表

告知部门		告知人士	
告知建议:			
备注:			

××公司电话接听记录单

来电单位					来电人	
来电时间	年	月	日	时 分	来电号码	
内容摘要:						
上司批示						
处理结果					记录人	

电话留言条

电话留言条				
致:			先生/小姐/女士	
时间:	年 月 日	上午/下午	时 分	
对方			先生/小姐/女士	
			公司/厂/部门	
□请回电　□再打来　□盼会面　□要再来　□紧急情况				
内容:				
对方电话:　总机　　　　　　　　分机				
手机　　　　　　　　宅电				
记录者:				

课题 4　印信事务管理

 课题任务示例

××厅办公室秘书小张,一日中午将近下班时,遇到下属公司一个常来办事的党支部书记兼经理,拿着一份他女儿参加成人高考的登记表,要求其签署主管部门意见,并加盖公章。开始小张要他到人事主管处盖章,但这位经理借口"已经下班,没时间了",并说"单位已同意盖章了"。碍于"熟人、面子"并以"她考上才算数"为理由,小张就在登记表上签署了意见,加盖了公章。一年后,群众揭发,经理弄虚作假,以权谋私,经有关部门查实受到了纪律处分。不坚持原则、越权、违纪、随意用印的秘书小张也受到了处分。

任务:

1. 假如你是秘书小张,面对这位经理的请求应该怎样做?
2. 学会如何管理印章和介绍信。

 课题任务分析

印章和介绍信是各级各类组织对外联系的标志和行使职权的凭证,严格按照规定使用和管理印章和介绍信,是秘书部门和秘书人员的重要职责,要做到确保正确使用印信,杜绝印信管理中的漏洞,特别注意未经上司授权随意代替单位签署意见和用印,更是越权、违纪行为。

这个示例情景中,秘书小张碍于"熟人、面子",没有坚持原则,擅自签署意见并加盖单位印章,结果让该经理趁机弄虚作假,以权谋私,教训是深刻的。秘书人员在管理印信过程中,最基本的前提是坚持原则,按规定办事。

 课题任务解决

一、基本知识

（一）印章管理

1. 印章的种类

公务印章主要有单位公章、套印章、钢印、领导签名章、专用章、办事章、收发章、校对章和其他戳记等。

一般说来,单位的印章大都交由秘书人员或秘书部门保管,而且秘书人员或秘书部门通常要管理三类印章：

（1）单位的公章（含钢印）。

（2）单位主要领导人因工作需要刻制的个人签名章或图章。

（3）秘书工作专用印章，如本办公室印章、收发章、办事章、校对章、封条章等。

2．印章的作用

（1）标志作用。印章是各级各类组织行使职权，进行各种公务活动，对外联系的标记和凭证。印章一经刻制启用，就作为一种标志代表一个单位或个人。有了印章这个标志，各种文件、介绍信、合同、报表等文书才能被人们所承认和执行。

（2）权威作用。印章是各级各类组织在一定层次和范围内具有权威性的象征，在一定场合下，其权威的实现是以印章为见证的，这是法律赋予的权力。上司个人印章由办公室统一使用和保管，是为显示与维护其权威。由上司签章的各类聘书、决定及其他重要文件，在显示其法律作用的同时，也表明其权威性。

（3）法律作用。依法成立的各级各类组织，所刻制的印章经过依法审批才能合法启用，启用后的印章受法律保护，同时印章使用者对用章又承担法律责任，如对加盖印章后的公务文书等在社会政治、经济活动中产生的一切后果负有法律责任。

3．印章的刻制

（1）刻制程序。政府机关的公章一般由上级领导机关刻制并颁发，企业事业单位和社会团体的公章由本单位持主管部门颁发的法人执照到公安机关指定的印章刻制机构刻制，专用章、领导人手章和名章等印章，应当经本级机关或单位领导人批准同意后，持盖有本单位公章的介绍信到公安机关指定的印章刻制机构刻制。

（2）注意事项。从刻制单位领取印章时，要认真仔细地验收检查，如发现质量不合要求，应当责成刻制单位按规定重新刻制；如发现印章已有使用过的痕迹或印章的版面上粘有红色印泥，应当立即报告当地公安部门备案查处。

链 接

《刑法》对印章违法行为的处罚规定

我国《刑法》第280条规定："伪造、变造、买卖或盗窃、抢夺、毁灭国家机关的公文、证件、印章的，处三年以下有期徒刑、拘役、管制或剥夺政治权利；情节严重的，处三年以上十年以下有期徒刑。伪造公司、企业、事业单位、人民团体的印章的，处三年以下有期徒刑、拘役、管制或剥夺政治权利。"

4. 印章的启用

印章启用应当由制发或批准刻制机关先颁发启用通知，并附上印模。如由新印章取代旧印章，启用新印章后，旧印章同时作废。印章启用时，使用印章的组织应当将印模和启用日期一并报上级机关备案，而且都必须立卷归档，永久保存。在正式印章启用通知所规定的生效日之前，印章不得使用。

5. 印章的保管

（1）专人负责。一般情况下，印章的管理者就是用印者，因此，秘书人员或秘书部门对于保管和使用印章的人员必须严格审查和挑选，选择政治可靠、工作负责、坚持原则的人员来负责管理。管印人员接到印章后应做好接印登记，内容主要包括印章名称、颁发印章单位、领取人姓名、收到日期、收到枚数、启用时间、主管领导签名、管印人签名等。

（2）妥善保管。印章应当存放在安全可靠的地方，最好是放在保险柜内，并且要养成随用随开锁，用完即上锁的好习惯，以免印章被滥用盗用，造成不良后果。节假日应当特别小心，存放印章的地方一定要上好牢固的锁，必要时还要贴上封条。印章一旦发生异常情况，应当保护好现场，立即报告，迅速查明情况，及时处理，必要时还可请保卫、公安部门协助查处。管印人员还要注意经常洗刷印章，保证图案和印文的清晰。

6. 印章的使用

（1）严格履行审批手续。常规用印，管印人员可在职责范围内盖章。非常规用印，需经上司批准后方可盖章。若发现有不符合用印原则和手续规定的情况，管印人员要报请上司批准，或暂缓用章，甚至拒绝用章。

▶ 小提示

非法用印者，根据情节将会受到行政处分直至法律惩处。

（2）严格监督用印内容。管印人员对印章使用有监督权。用印前，管印人员必须对用印内容予以审阅，协助上司把关，如发现问题，应当在纠正后或报请上司同意后再盖章。一般情况下，除非有上司的特别批准，管印人员不能在空白凭证上盖印。

▶ 小提示

管印人员不能"有求必印"，更不能"以印谋私"。

（3）严格执行登记制度。为了备查和更有效地发挥对用印的监督作用，应当建立用印登记制度，使用专用的用印登记表，登记的主要内容包括用印时间、用印部门、用印内容、用印份数、批准人、盖章人等。

（4）认真规范加盖印章。一般来说，印章应当上不压正文，下压成文日期，并且要骑年盖月。加盖钢印时，应当注意不得将钢印加盖在照片人的头部或脸上，以免影响辨认效果，正确的位置应是脖子和衣领以下与证件交接部位。带有存根的文件材料如介绍信等用印，除在规定处用印外，还应当加盖"骑缝章"，以备查考。对于需要证明各页之间完整联系的材料，应当将同一文件的每一页均匀错开，骑各页加盖公章。

> **小提示**
>
> 　　按印章时要轻重得当，用力均匀，使印色浓淡合适。要避免倒歪、偏斜和模糊现象，以增加印章的严肃性和美感。
> 　　用印一律在办公室内，不得将印章携带外出使用。

7. 印章的停用

机关或单位如发生合并、撤销、名称变更等情况，原印章应该立即停止使用。停用印章要发文通知有关单位，盖上印模，说明停用原因和时间，宣布原印章失效。废印章必须及时送交原制发机关封存或销毁，不得留存在原单位。

（二）介绍信管理

1. 介绍信的种类

（1）便函式介绍信。就是将内容用手写或计算机打印，但必须使用带有单位名称的便笺。

（2）固定式介绍信。就是设计好固定的格式后大批量印制，使用时填写相关项目即可，一般由持出联和存根联两部分组成。

> **小提示**
>
> 　　无论固定式介绍信还是便函式介绍信，都应当具备接洽单位、被介绍人姓名、身份、人数、接洽事宜、有效期限、填写日期等项目内容。

2. 介绍信的填写

填写介绍信应该真实、清楚、工整，要使用钢笔或毛笔书写。固定式介绍信持出联和存根联的内容必须一致，不得出现存根空白或漏填现象。便函式介绍信因无存根，应当建立专用登记簿，逐项登记，项目和内容应当与介绍信完全一致。

填写后的介绍信要加盖公章，固定式介绍信除盖落款章外，还要盖骑缝章；便函式介绍信只盖落款章即可。

> **小提示**
>
> 　　介绍信不得随意涂改，如果必须修改要加盖校对章，或在修改处加盖公章。如有重大错误必须作废后另外填写。

3. 介绍信的保管

介绍信平时应该由秘书人员专门保管，并存放在带锁的抽屉里，随用随取，用后放回锁好，以防止丢失或被盗。秘书人员休假或出差时，由秘书部门负责人指定他人临时保管。介绍信存根、作废介绍信、未用的空白介绍信等要粘在一起，妥善保存一定时间，以备查考。

4. 介绍信的领用

领用介绍信要严格履行批准手续，要经负责人批准方可开具。领用人还要履行签字手续，以示对领用的介绍信负完全的责任，固定介绍信在存根上签字，便函式介绍信在专用登记簿上签字。持信人不能将介绍信转借他人使用。

二、模拟演练

根据上述介绍的印信事务管理知识，请讨论任务示例中的秘书小张应该如何处理那位经理的不正当请求，并分角色扮演，进行模拟演练。

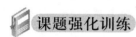

<训练1>

一天，秘书小王正在接待客户，会计小李来了，说有报销单想找经理盖章。可是经理此时不在，小李就让小王先盖上，说没有什么问题，这个报销单很紧急。小王此刻一边忙着接待客户，一边小李又催促得紧，感到焦头烂额。

假设你是秘书小王，这时你应该怎样做？

<训练2>

××公司业务员刘×计划到×公司联系业务，他找到行政秘书小邢，要求开具介绍信，介绍信有限期10天。

请完成：

（1）假设该公司使用的是固定式介绍信，请你为刘×开具这份介绍信；

（2）假设该公司没有固定式介绍信，请你为刘×拟写一份便函式介绍信。

<训练3>

请教师提供模拟实训的印章、印泥、介绍信样本、文件样本等材料用品，请同学们进行感性认知，并在老师的指导下进行盖印练习。

<训练4>

请到你所在院（系）办公室，向办公室人员请教其管理和使用印章和介绍信的经验及注意事项。

课题工具参考

××公司秘书印信管理办法

第一章　总则

第一条　印章是公司经营管理活动中行使职权的重要凭证和工具，印章的管理，关系到公司正常的经营管理活动的开展，甚至影响到公司的生存和发展，为防止不必要事件的发生，维护公司的利益，制定本办法。

第二条　公司总经理授权由办公室全面负责公司的印章管理工作，发放、回收印章，监督印章的保管和使用。

第二章　印章的领取和保管

第三条　公司各类印章由各级和各岗位专人依职权领取并保管。

第四条　印章必须由各保管人妥善保管，不得转借他人。

第五条　公司建立印章管理卡，专人领取和归还印章情况在卡上予以记录。

第六条　印章持有情况纳入员工离职时移交工作的一部分，如员工持有公司印章的，须办理归还印章手续后方可办理离职手续。

第三章　印章的使用

第七条　公司各级人员需使用印章须按要求填写印章使用单，将其与所需印的文件一并逐级上报，经公司有关人员审核。

第八条　经有关人员审核，并最终由具有该印章使用决定权的人员批准后方可交印章保管人盖章。

第九条　印章保管人应对文件内容和印章使用单上载明的签署情况予以核对，经核对无误的方可盖章。

第十条　在逐级审核过程中被否决的，该文件予以退回。

第十一条　公司总经理对公司所有的印章的使用拥有绝对的决定权。

第十二条　涉及法律等重要事项需使用印章的，须依有关规定经法律顾问审核签字。

第十三条　财务人员依日常的权限及常规工作内容自行使用财务印章无须经上述程序。

第十四条　用印后该印章使用单作为用印凭据由印章保管人留存，定期这个整理后交办公室归档。

第十五条　印章原则上不许带出公司，确因工作需要将印章带出使用的，应事先填写印章使用单，载明事项，经公司总经理批准后由两人以上共同携带使用。

第十六条　公章的使用决定权归公司总经理，其他各印章的使用决定权由公司总经理根据实际工作需要进行授权。

第四章　责任

第十七条　印章保管人必须妥善保管印章，如有遗失，必须及时向公司办公室报告。

第十八条　任何人员必须严格依照本办法规定程序使用印章，未经本办法规定的程序，不得擅自使用。

第十九条　违反本办法的规定，给公司造成损失的，由公司对违纪者予以行政处分，造成严重损失或情节严重的，移送有关机关处理。

<u>第五章　附则</u>

第二十一条　本办法解释权归公司总经理。

××公司印章保管登记表

印章名称		颁发机关	
收到枚数		收到日期	
领取人		启用日期	
印章图样			
保管人姓名		批准人	
备注			

××公司用印申请单（1）

部　门		申请日期	年　月　日
用印类别		份　数	
文件名称及说明：			
印鉴留存		申请人	核准人

××公司用印申请单（2）

文件标题			
发往单位		份　数	
用印日期		用印申请人	
批准人		备　注	

××公司用印登记表（1）

盖章日期	文件名称	印章类别	盖章次数	批准部门	批准人	盖章人	备注

××公司用印登记表（2）

序号	用印日期	文件标题	发往单位	份数	批准人	用印人	备注

××公司印章销毁申请表

事　　由	印章种类		报备机关	核　　批	
	□公章	□校对章			
	□长戳	□骑缝章			
	□职衔签字章	□附件章			
	□部门章				
印章文字			制发日期	销毁日期	印章管理部门
			年　月　日	年　月　日	
印章模式				销毁印章部门	
				申请人	主管

No.　　　　　　　　××××公司介绍信（存根）

　　　　　　　　　　××介字第　　号

_____：

　　兹介绍我公司_____等_____位同志前往你处联系_____事宜。

　　　　　　　　　　　　　　　　　　　　　　　　　　　　年　月　日

（有效期　天）

No.

　　　　　　　　　　××××公司

　　　　　　　　　　　介绍信

_____：

　　兹介绍我公司_____等_____位同志前往你处联系_____事宜，请予接洽。

　　此致

敬礼

　　　　　　　　　　　　　　××××公司

　　　　　　　　　　　　　　　年　月　日

（有效期　天）

××公司开具介绍信审批表

年　月　日

部　　门		份　　数		张	
经办人		部门负责人			
介绍信内容					
送往单位					
领导签字					

××公司介绍信领用登记表

序号	领用时间	用途	前往单位	有效期限	使用人	批准人	领取人	备注

课题 5　邮件事务管理

 课题任务示例

　　秘书邓小姐上班刚一周，上司让她负责处理公司的邮件。早上第一批邮件到了，邓小姐正忙着打电话，她让送信人把信就堆放在已有一些信件的办公桌上，一边打电话，一边拿过笔签了字。打完电话，邓小姐心不在焉地把所有的信都剪开了，其中一封信被剪掉了寄信地址的一角，她也没有注意。她抽出所有的信纸，放在一边，而把所有的信封放在了另一边。邓小姐拿起一张信纸看了起来，只见上面写着："亲爱的红：……"她意识到拆错了信，匆匆看完了信，她把信塞回信封，又用胶水粘了起来（但是外表还是有些痕迹）。她又看了几封信，其中一封急件，觉得应该由上司回信，于是她把几封信混在一起放在上司的办公桌上。

　　任务：

　　1．请指出秘书邓小姐处理邮件的不当之处。

　　2．学会邮件收发的流程与处理细节。

 课题任务分析

　　邮件处理是秘书人员的重要工作。有些公司的秘书人员甚至每天要花几乎半天的时间来做这件事。一方面要处理外面寄来的邮件，另一方面还要发出大量的邮件。秘书人员要做好这项工作，必须懂得一些基本的规则和方法。

　　这个示例情景中，秘书邓小姐对邮件的处理很不"专业"，出现了许多不当之处，如：新来的邮件与原来的邮件混放在一起，心不在焉地拆信，将其中一封信的寄信地址剪掉一角，且拆错了一封信又没有采取恰当的补救措施……似乎每个环节都是无关紧要的"小事"一桩。这样的秘书又怎么能辅助好上司呢？

 课题任务解决

一、基本知识

（一）邮件的收取

1．坐收

　　每天处理邮件数量较大的单位，一般都在办公室之下设置专门的收发室负责邮件的收取。邮件一般是由邮局的邮递员投送到收发室，再由收发室送到办公室。

秘书人员应当注意邮件到达自己办公室的时间规律，尽量不要在邮件到达时离开办公室。收取时，应当当面点清邮件总数，并填写邮件收领单。邮件如有污损，应当当面指出，并在邮件收领单上注明。

2. 自取

也有的单位在邮局租赁一个信箱，邮局只负责把邮件送到该单位所租赁的信箱，由秘书人员亲自到邮局开启信箱取回邮件。秘书人员每天的开箱次数应当和邮局投递的次数一致，并尽可能在时间上与送达时间相合拍，形成一种规律。自取时，应该做到专事专办，取出邮件后应该立即返回办公室，不要带着邮件再去办理其他事情。

（二）邮件的分拣

秘书人员在日常工作中收到的主要邮件包括特殊函件（如机要邮件、挂号信、特快专递、写明上司亲启的信函等）、一般业务函件、同事私人信件、报纸、杂志、广告宣传资料、汇款单、包裹等。秘书人员收到邮件后，可以根据单位的规定或实际情况，按照一定的标准进行分拣，如按照收件人的姓名分拣，按照收件部门的名称分拣，按照邮件的重要性分拣等。总的来讲，首先应该将私人邮件与公务邮件分开，将办公室内部邮件与外部邮件分开，将优先考虑的材料放在一起。只有进行了这样的初步分拣，下面的工作才能够继续进行。

> **小提示**
>
> 如何判断邮件的重要性呢？一是从来信人的姓名或来信单位的名称来判断；二是邮件形式，如挂号邮件、保价邮件、快递邮件、机要邮件、带回执邮件，以及电报、电传和传真等，都是比较重要的邮件。

（三）邮件的拆封

1. 邮件拆封的权限

在日常的邮件处理中，秘书人员可以拆封的邮件通常包括以下三类：（1）收件人名称为本单位法人名称的邮件；（2）收件人名称为本单位秘书部门的邮件；（3）部分收件人名称为本单位法人代表的邮件。

2. 邮件拆封的方法

（1）将邮件立起在办公桌上轻磕几下，使封内邮件沉落在底侧，以免邮件留在封口边缘因拆封而受损。

（2）用剪刀、拆封器等工具沿信封上端开启，不要破坏邮票、邮戳和信封上的文字，保持信封的完整并保留信封。

> **小提示**
>
> 拆启邮件时请不要用手撕。

（3）小心取出封内所有邮件，检查信件中所提到的附件与信封内所附附件是否相符，信纸、信封上的地址、姓名等是否一致。如有不符、不一致之处，应当及时做好标记或与寄信人联系确认。

3. 邮件拆封的注意事项

（1）如果拆封时发现邮票丢失或邮票、邮戳不完整，应当注明。

（2）对于写明上司"亲启"等字样的邮件，要谨慎对待。

（3）在没有判明是商业广告等"假冒"邮件之前，不可盲目拆封。

（4）信封里有时会附有货单、发票、支票等附件，要专项登记和保管。

（5）如果是广告等宣传资料，有用的如有关行业、产品的资料等，应当保存好或转交有关部门。

（6）对于需要进一步处理的重要邮件，要用回形针把信封附在信纸的后面，以供以后查阅、佐证，这也是归档的要求。

（7）如果无意中误拆了不应该拆开的邮件，应当立即把邮件重新封好，并注明"误拆"字样。

（四）邮件的登记

对于比较重要的邮件，秘书人员应当逐件在收件登记簿上登记，写明编号、邮件主题、收阅人或部门、处理办法等信息。普通广告、推销信等不需登记。

（五）邮件的分发

在对邮件拆封、登记之后，秘书人员要将邮件分别呈送给上司或其他有关人员。在向上司呈送邮件时，注意要将重要的邮件放在上面，一般性质的邮件放在下面，如果邮件需要参考资料，要将两者放在一起呈送。如果一份邮件需要呈送多个上司传阅，秘书人员可以根据实际情况在呈送时附上"邮件转送单"和"邮件传阅单"，以便很好地控制传阅过程。

（六）邮件的寄发

1. 检查邮件

（1）检查名址。检查信封上的收信人姓名、地址与信笺上的收信人姓名、地址是否一致，检查收信人邮政编码是否书写正确。

（2）检查标记。检查信封上应该有的标记如"保密件"、"急件"及"亲启"等是否已经标注。

（3）检查签名。检查需要上司签名寄发的附件上司是否已经签署。

（4）检查附件。检查应该附上的附件是否齐全、准确。

2. 装封登记

邮件装封要考虑方便收件人拆阅，还要注意整齐美观，根据所使用信封的大小，信纸可采用二折法、三折法、四折法或不折叠。多页信纸应当按顺序折叠成一叠，不能单页折叠。若有附件，附件应当与信件正文分开，把附件叠好放在正文的最后一叠中，这样收件人取信时，附件也会一同取出。将信纸放入信封后，封好封口。其他非信纸类的邮件酌情采用捆、套、盒等方式装封。装封要完整、规范。

> **小提示**
>
> 装封折叠时宜将信纸的上下或左右纸边与信封边缘之间留出大约 0.5 厘米的距离。

秘书人员在寄发邮件前，要对按挂号邮件寄发的信函、印刷品、特快专送等进行登记，在登记簿上记录日期、发件单位、性质、件数、份数、签收人等，防止邮件的积压和丢失，便于邮件的交接和查询。

3. 交寄邮件

到邮政窗口或专门的邮递公司，按照不同的寄发要求分类付费交寄。除平寄信函外，其他邮件要收执邮局或邮递公司提供邮寄收据，以备将来核查之用。如是大宗的一般邮件，只需数清件数，一起交给邮局作为平信邮出。如需挂号，则必须一件一据，收据号码与邮件号码相符合，以备万一出差错时，凭挂号收据寻查邮件下落。

> **小提示**
>
> 目前邮寄信函有三种办理方式：
>
> （1）平常信函。简称平信，收寄时不必出收据，处理时不登记，投递时不要收件人签收。平常信函内不准夹寄非纸片性物品。
>
> （2）挂号信函。收寄时出具挂号收据，处理时进行登记，投递时收件人要进行签收。
>
> （3）特快专递。可以高速度、高质量地为用户传递国际、国内的紧急信函。

二、模拟演练

根据上述介绍的邮件事务管理知识，请说明任务示例中的秘书邓小姐应该如何正确处理邮件，并进行模拟演练。

课题强化训练

<训练1>

请分组讨论,秘书人员如何处理上司不在期间的邮件。然后请各组选出一名同学陈述本组同学的结论,最后由老师做总结。

<训练2>

请模拟练习:准备一个信封和3~5张信纸,把信纸折叠好装入信封,把信封封好,然后再用剪刀把信封拆开,把信纸取出来。要求信纸折叠好后,略小于信封,以保证能够顺利地装入和取出,并且避免拆封时"误伤"信件。

<训练3>

小王是××外资公司秘书。一次,他不小心误拆了法国总经理的私人信件。而且信里写的是总经理极其不愿他人知晓的隐私,这可如何是好呢?小王当时想,事情既然已经发生,就要勇于面对,不可藏匿不交,更不可私自销毁。误拆信件只是工作事故,而藏匿或销毁则是道德,甚至是法律问题了。当务之急是先解决问题,然后再分析原因。于是他紧急打取了应对措施。

假设你就是小王,接下来你会如何处理这件事?

<训练4>

公司每天都收到大量的广告宣传资料,作为秘书人员你负责公司的邮件处理工作,那么你将如何处理这些资料?

<训练5>

请通过查阅书籍、网上搜索、实际考察等方式,获到与秘书工作相关的邮政业务办理的流程、要求与细节。

<训练6>

在信息时代,电子邮件也成为秘书人员邮件处理的重要内容,请分组讨论秘书人员如何处理每天的电子邮件。然后请各组选出一名同学陈述本组同学的结论,最后由老师做总结。

 课题工具参考

××公司邮件接收登记表

收件编号	收件日期	邮件名称(或主题)	发件单位(人)	备注

续表

收件编号	收件日期	邮件名称（或主题）	发件单位（人）	备注

××公司邮件批办单

邮件名称	
发件单位	
收件时间	
领导批示： 年　月　日	
拟办意见： 年　月　日	
办理情况： 年　月　日	

××公司邮件传阅单

信件名称		
来信单位		
收件时间		
拟办意见： 年　月　日		
传阅情况：		
传阅顺序	阅读人签名	阅读时间
1		年　月　日
2		年　月　日
3		年　月　日
4		年　月　日
5		年　月　日

××公司邮件办理摘要

(　　年　月　日至　　年　月　日)

日期	发件人	邮件内容摘要	办理情况

××公司邮件发出登记表

序号	邮件内容	收件人	寄出时间	备注

课题6 名片事务管理

 课题任务示例

秘书小刘平时养成了一个好习惯：每次收到别人的名片后，总是及时将名片进行归类整理到相应的名片夹里，并对一些必要的补充信息进行记载，如接收名片的时间、地点、片主的特征等，而且还将名片的信息录入到电子通讯簿里更方便查找。可别小看这小小的名片，给小刘的工作带来了好多方便，比如上司出差要订票，找出车票代售点的名片，一个电话就解决问题了……这些小事大大提高了小刘的办事效率。

任务：
1. 秘书小刘平时对名片的细心管理给我们带来了哪些启示？
2. 学会名片收集、处理、归类、保存、利用、更新等技能。

 课题任务分析

名片是一种实用方便的交际工具，也是记录客户信息的重要载体之一。上司和秘书人员在公务和个人交往中都会与人交换名片，或收到别人主动递送的名片。秘书人员要有管理名片的意识和习惯，使名片成为工作中重要的信息资源。

这个示例情景中，秘书小刘在平时就特别注意名片的归类整理，并将名片信息录入到电子通讯簿里，日积月累就形成了一个信息资源库，为工作提供了极大的方便。小刘的经验也告诉我们一个道理，"小事"成就优秀的秘书人员。

 课题任务解决

一、基本知识

（一）名片的用途和种类

1. 名片的用途

名片的用途有很多种：自我介绍、结交朋友、维持联系、业务介绍、通知变更、拜会他人、简短留言、替人介绍等。

2. 名片的种类

（1）按名片用途分，可分为商业名片、公用名片、个人名片三类。

（2）按名片质料和印刷方式分，可分为数码名片、胶印名片、特种名片三类。

（3）按印刷色彩分，可分为单色、双色、彩色、真彩色四类。

（4）按排版方式分，可分为横式名片、竖式名片、折卡名片三类。

（5）按印刷表面分，可分为单面印刷、双面印刷两类。

（二）名片的收集和处理

1. 名片的收集

不管是上司还是秘书人员自己收到的名片，只要是与组织业务或办公室业务可能会有联系的人员的名片都应当收集。总体上，秘书人员收集并负责保存的名片主要包括：上级领导的名片、公司所有员工的名片、重要客户的名片、订票公司的名片、旅游公司的名片、咨询公司的名片、法律事务所的名片、报刊订阅联系人的名片、办公设备售后服务中心的名片、办公用品公司的名片、上司喜欢的餐饮公司的名片、市内星级酒店的名片、物流公司及快递公司的名片、的士司机的名片，等等。这些名片有些看似无关紧要，可如果不好好保存，用的时候就会觉得很不方便。

> **小提示**
>
> 秘书人员负责保存的名片 50%以上可能是客户名片，但其他名片也需要保存。

2. 名片的处理

秘书人员为公司收集名片的目的是为了获得充分的客户信息，所以，在取得名片的时候，秘书人员就应当为保存客户信息对名片做出初步处理。在收到名片后，可以在他人名片上随手记下可供日后参考的资料，使其充当客户信息的记事簿，又是一份很好的公关手册，也有利于日后进行客户资料加工时参考。这种记录的主要目的是为了对一个人或一个单位了解得更加深入。

可在名片上或名片后附上记录的客户信息有：

（1）收到新名片时的具体情况。包括收到名片的地点、时间、是否与对方亲自交换以及其他特殊情况等。如可在名片背面写上："××先生介绍/谈软件开发/2008年11月6日"。

（2）交换名片者个人的资料。例如性别、年龄、生日、相貌特征、籍贯、职位、职称、学历、经历、著作、专长、嗜好、特殊贡献、特殊荣誉等。这既可备忘，也可充作资料。

（3）与他人相关的资料。例如家庭状况、他与某单位的某人是兄弟，与某人是师生，与某人是亲人或眷属等。

（4）交换名片者后来的变化。例如单位、部门的变化，职业的变动调任，职务、学衔的升降，联络方式的改变等。

（5）一般往来记录。如你送了什么礼物、对方回赠什么礼物；什么时候请对方便餐，谈了什么主题。

（6）业务往来记录。这个项目对业务人员特别重要，要记载拜访的次数、每次拜访的要点、成交项目、付款情况等。记载得愈详细，对客户的掌握就会愈准确。

> **小提示**
>
> 对于重要人物，如果名片上记不下这些信息，可以另附卡片，与名片夹在一起保存。

（三）名片的归类与保存

1. 名片的归类

记录好必要的客户信息后，秘书人员就可以把名片归类存放起来了。名片的归类方法有：

（1）根据行业类别先分大类，然后依个人往来疏密程度顺序排列，来往越密切的，放得越前面。

（2）根据公司类别先分大类，然后依笔画多寡、汉语拼音或英文字母为序排列。

（3）根据部门类别先分大类，然后依个人往来疏密程度顺序排列。

（4）根据职位类别先分大类，然后依职位高低顺序排列。

（5）根据姓名笔画多寡、汉语拼音或英文字母顺序依次排列。

2. 名片的保存

作为公司资料的名片最好用名片册或名片匣存放。名片册一般是 A4 规格活页夹，呈笔记本形状，通常可装名片 300 张或 600 张名片。名片经过分类存放在名片册里查找非常方便，容量也比较大。名片册可以和其他资料一样都竖放在资料柜里，不用另外找地方放，方便取用。

如果名片数量很大，一般可以采用名片整理匣。名片整理匣是长方形的匣子，名片以卡片的形式收纳其中，取放容易，适合存放较多数量的名片。可以根据不同分类将名片竖起来放置，无论名片大小如何，都可以装纳。其缺点是不够一目了然，经常取放，容易使名片破损。

> **小提示**
>
> 如果名片大小不一，要放在名片册中的话，可以将稍为大张的，小心裁剪成一般尺寸，再依类别分别插入适当位置；当然大小不一的名片放在名片匣里是最合适的了。

但传统的名片保存方式也存在查询困难等缺点，所以秘书人员收到名片之后，马上进行信息整理并存入电子管理通讯簿则是一个非常有效的做法。电子管理通讯簿要整理以下信息：

(1) 姓名：如有中英文要注意对应。

(2) 公司部门与职称：务必把正式名称记录完整。

(3) 地址：包括商务地址、家庭地址、其他地址。

(4) 电话、传真及手机号：不要忘记记录区号与分机号。

(5) 通讯地址：要详尽完整，有邮政编码。

(6) 电子信箱与网址：含个人的电子邮箱和公司网址。

(7) 其他个人化数据：如 QQ 号、生日等。

（四）名片的利用和更新

1. 名片的利用

保存好名片，就是要做到要用的时候能够迅速找出来，准确提供所需要的信息，所以秘书人员要十分熟悉自己对名片保存的查找方式。秘书人员对名片有意识地收集、处理、归类、保存，能够使名片超出一般名片的基本意义，实际上成为秘书人员自己建立的周详的公关资料。

2. 名片的更新

当先后收到同一个人名片时，带回办公室后，应当找到原先的名片核对一下名片上的信息是否有所变更。如果没有变更，随意留一张，并把另一张上面的附加信息转抄过来。但如果旧的那张已经磨损，最好留下新的，把旧名片上的其他信息转摘到新名片上。如果发现新名片上的信息已经变更，而且两张名片上的信息可以相互补充，就应该全部留下。如果新名片上的所有信息都能够替代旧名片，而且都是最新的信息，这时只需要保存新名片。

> **小提示**
>
> 不管在私人交往或公务交往中，知道某人的相关信息有变化，也要及时更新名片上的信息。可以先做备忘记录，回到办公室后立刻更新原有的信息。

二、模拟演练

根据上述介绍的名片事务管理知识，课下收集一定数量的名片，进行名片归类和保存的模拟演练。

 课题强化训练

<训练1>

请通过各种途径收集一些名片，试分析从这些名片可能发现的名片主人的隐性信息。

课题6 名片事务管理

<训练2>
请通过各种途径尽可能多地收集名片,然后练习整理一个电子管理通讯簿。

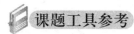

常用名片管理掌上设备

- 汉王名片通
- 商务通
- 名人
- 快译通
- 文曲星
- Win CE
- Palm PC

课题 7　值班事务管理

  课题任务示例

　　××集团有限责任公司是"××"牌防盗门的专业集团公司。今天是秘书小李值班。上午 9：00，接到南京路专卖店营业员的电话，说一位家住静安区的顾客所需的 N12 型防盗门缺货。小李翻看仓库记录，仓库也没有存货，此时只有从淮海分店调货。因此，小李又打电话与淮海分店店长联系，得知有此型号的防盗门，他赶紧跟淮海分店店长发出请求，请求调货给南京店，再让营业员小张请顾客留下地址、电话、押金，并开出收货凭证，让顾客回家等候，一小时后为其上门服务。

任务：
1. 请代秘书小李制作并填写一份当天的值班日志。
2. 学会安排值班、管理值班和实施值班。

  课题任务分析

　　值班工作是保证组织及时获得准确信息，进行正确决策，以及出于安全防范的需要而开展的经常性工作，是秘书部门的常规工作之一。秘书人员值班工作除本人轮值期间按要求做好具体值班工作外，还包括做好值班管理工作。

　　这个示例情景中，秘书小李认真地处理了一件值班中的"小事"：电话得知某专卖店货源短缺时，主动地帮助联系其他分店协助，使问题得到圆满解决。小李在值班中除了完成本职工作外，更为企业树立了良好的形象。可以说，值班工作其实也是企业的"形象工程"。

  课题任务解决

一、基本知识

（一）值班工作的主要职责

1. 及时传达信息

　　值班工作的主要任务之一，就是要能够及时传递或处理来自各方面的信息，使信息随时都保持畅通状态，包括接听并记录电话，接受并登记紧急文件，收受并转送电报，答复上级单位对有关情况的询问等。收到内外部收发的邮件及文件，必须做好登记和收存或即时传递。

> **小提示**
>
> 值班室应该保证各种通讯器材畅通无阻，应该备有各部门领导人和各种常用电话号码表，保证在遇到特殊情况的时候能够及时地通知。

2. 做好接待工作

秘书人员在值班期间，必须做好对来访者的接待，以良好的形象迎候来访者，无论是有约来访，还是无约来访，都要根据来访者的意图，做出合理的安排或灵活的应对。并在接待来访人员之后，填写好接待记录。

> **小提示**
>
> 在进行值班接待记录时，对外来人员的姓名、身份证号、联系事宜、接待单位等情况要一一登记清楚，以备日后查考。

3. 承办临时事项

如接到上级重要指示、通知后及时向上司报告，并根据上司批示和处理情况，按要求向上级报告。对下级来的一般性电话请示、报告，可根据有关精神给予明确的答复，比较重要的要向上司报告，并根据上司的指示进行相关处理或转交有关部门处理。

4. 处理突发事件

如果遇到发生事故、火灾、盗窃或暴雨、地震等突发事件，应该做到遇事不慌，处变不惊，能够沉着、冷静、机智、果断地加以处理，譬如立即向上司报告，就近组织人力抢救抢险，或依靠邻近机关、单位、部队，或保护事故现场，或紧急转移机要文件和贵重物资等。

(二) 值班工作的主要制度

1. 岗位责任制度

规定值班工作人员必须坚守岗位，尽职尽责，无论发生什么事情，也不能擅离职守，不能干私活。

2. 信息处理制度

包括对各种渠道传递过来的信息的基本处理程序，比如下级单位用电话报送一条信息，值班人员应当如何记录、登记、哪一类信息应该报哪一级领导等。

3. 保密制度

因为值班工作常常会接触到许多机密性文件和事情，所以应当制定严格的保密制度，包括外来人员的接待范围，各种信息材料的保管方式，不同密级的信息材料的传递方式等。

4. 交接班制度

由于值班工作是轮流进行，有些事在一个班次内办理不完，则要交给另一个班次办理，因此，值班人员必须认真做好值班记录，并严格执行交接班制度。

（三）编制值班表

值班表是将某一时间段中已经确定的值班人员姓名清晰地记载和标明的表格，是提醒人们按照值班表的要求值班，以保证组织整体工作连续和完成的表格。根据值班任务的不同和面向范围的不同，通常可以把值班表分为节假日部门值班表、节假日总值班表、夜间值班表。

值班表的主要课题通常包括：

（1）具体值班时间和值班期限；
（2）值班人的姓名；
（3）值班的地点；
（4）值班电话；
（5）负责人或带班人的姓名、电话；
（6）备注。

（四）填写值班日志

值班日志是值班期间有关情况的简要记录，对于值班期间处理的每一件事，包括电话处理、来人接待、突发事件处理等都要予以记录。这有利于下一班值班人员了解情况，保持上、下班工作的连续性，有利于上司了解、检查、考核值班工作，有利于编写情况反映、工作简报、大事记等。

二、模拟演练

根据上述介绍的值班事务管理知识，请对任务示例中的秘书小李的值班情景进行模拟演练。

 课题强化训练

<训练1>
请为××公司编制一份"五一"假期值班表，具体内容可以合理虚拟。

<训练2>
假设你是××公司的值班秘书，你在值班时，一个电话打入，一名访客到来，三封信件送到（一封紧急，一封普通文件，一封宣传信件），一名私人访客到来。

请完成：

（1）请同学配合，模拟演练你是如何灵活处理以上事情的。

（2）请设计并模拟练习填写值班日志。

<训练3>

这天，××公司行政部门秘书小孔值班。凌晨2点刚过，小孔突然闻到一股烧焦的味道，他立即顺着味道传来的方向查去，看到一个仓库的门缝冒出浓烟，"不好，失火了！"他飞快地跑回值班室，拨打119报警，接着拨打行政部门经理的电话，报告了情况，然后找出值班室的灭火器，拔出插销，严阵以待，防止火势向值班室方向蔓延。5分钟后，消防车赶到，迅速将火扑灭。事后经过调查，起火原因是老鼠咬断电线造成短路，引燃了仓库里的衣服。就这事，公司总经理在大会上表扬了小孔，由于他及时、正确的处理，使公司的损失降到了最低。

请完成：

（1）请思考和讨论秘书小孔的做法给同学们的启示。

（2）请同学配合，模拟演练秘书小孔处理这起值班中的突发事件。

<训练4>

模拟演练秘书小叶在周日值班时，遇到下列情况的处理情景：

（1）发现上周有工作人员代理他人打卡的记录。

（2）未见交班人或没有找到前一班的值班记录。

（3）收到一封发给销售经理的特快专递。

（4）接到电话，说有公司一货车在××公路上发生车祸，具体情况不明。

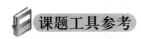

课题工具参考

××公司值班管理制度

第一条 本公司于节假日及工作时间外应办一切事务，除由主管人员在各自职守内负责外，应另派值班人员值班处理下列事项：

1. 临时发生事件及各项必要措施。
2. 指挥监督报案人员及值勤人员。
3. 预防灾害、盗窃及其他危机事项。
4. 随时注意清洁卫生、安全措施与公务保密。
5. 公司交办的各项事宜。

第二条 本公司员工值班，其时间规定如下：

1. 自星期一至星期六每日下午下班时起至次日上午上班时间止。
2. 例假日：日班上午八时起至下午五时止（可随办公时间的变更而变更）。夜班下午五时半起次日上午八时止。

第三条　员工值班安排表由各部门编排，于上月底公布并通知，值班人员按时值班。并应配置值日牌，写明值班人员的姓名悬挂于明显地方。

第四条　值班人员应按照规定时间在指定场所连续执行任务，不得中途停歇或随意外出，并须在本公司或工厂内所指定的地方食宿。

第五条　值班人员遇有事情发生可先行处理，事后方可报告。如遇其职权不能处理的，应立即通报并请示主管领导办理。

第六条　值班人员收到电文应分别依下列方式处理：

1．属于职权范围的可及时处理。

2．非职权所及，视其性质应立即联系有关部门负责人处理。

3．密件或限时信件应立即原封保管，于上班时呈送有关领导。

第七条　值班人员应将值班时所处理的事项填写报告表，于交班后送主管领导转呈检查，报告表另定。

第八条　值班人员如遇紧急事件处理得当，使公司减少损失，公司视其情节给予嘉奖。

第九条　值班人员在值班时间内，擅离职守应给予记大过处分，因情节严重造成损失，从重论处。

第十条　值班人员因病和其他原因不能值班的，应先行请假或请其他员工代理并呈准，出差时亦同，代理者应负一切责任。

第十一条　本公司员工值班可领取值班津贴，其表另定。

××公司值班日志

值班时间	年　月　日（星期　）	值班人	
值班记录：			
备注：			

××公司值班安排表

值班时间	值班人	值班地点	值班电话	带班领导	联系方式	备注
						1．值班时间为每天的8点到17点；
						2．值班人员要坚守岗位，认真负责，不准擅自脱岗。

××公司　　年　月份夜间值班表

值班时间	值班人	备　注
		1. 值班时间为前一天的 17 点到第二天的 8 点；
		2. 值班地点为公司夜间值班室，值班电话为 88886666；
		3. 值班人员要坚守岗位，认真负责，不准擅自脱岗；
		4. 遇有突发事件，随时报告办公室主任和相关公司领导；
		……

××公司值班登记表

值班部门		值班人数		值班负责人		值班情况	
值班人员名单	月　日　时　分至　月　日　时　分						
当班时间	月　日　时　分至　月　日　时　分						
接班时间	月　日　　时　分		上班负责人签名		当班负责人签名		
交接情况							
当班执勤记录							
来访接待及处理							
来电内容及处理							
人员进出记录							
物品出入记录							
安全消防记录							
其他说明							
交班时间	月　日　　时　分		当班负责人签名		下班负责人签名		
交接情况							
备注							

××公司职员出入登记表

日　期	员工姓名	所属部门	外出时间	返回时间	签　名

课题 8　日常计划管理

 课题任务示例

下面是一份××公司秘书某一天的工作日志：

工作日志　　　　　　　　　　　　　　　　2009 年 3 月 10 日　星期二

时　间	工　作　内　容
9：00	部门会议，7 层 705 室，带相关文件夹和下发的会议日程表
10：00	
11：00	确认上司与新客户的午餐
12：00	午餐前，将 3 位应聘人资料分别送经理、副经理、人事经理阅
13：00	确认面试房间 315 室，摆桌椅，准备面试评估表
14：00	安排应聘人赵××面试 40 分钟，14：50 安排应聘人孙×面试
15：00	15：40 安排应聘人李××面试
16：00	16：30 面试小组讨论
17：00	检查、准备上司 26 日报告的资料和电脑投影幻灯片

任务：
1．请思考工作日志的功能是什么？
2．学会使用计划安排表和工作日志。

 课题任务分析

　　凡事预则立，不预则废。对未来的某个时间单元内要做的事情进行合理计划，然后按照计划进行实施，有助于办公室管理目标实现总体效益最大化。秘书工作事务繁杂，更需要合理地分配时间，有效地利用时间，以提高工作效率。

　　这个示例情景中，秘书人员将一天中上司要完成的主要工作及需要自己辅助配合的工作很清晰地列示出来，能够提醒上司和自己按照时间进度一项一项地完成，进而提高时间的有效利用率。也就是说，日常计划管理有利于有效地控制和利用时间，在有限的时间内创造最大的效益。

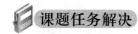

课题任务解决

一、基本知识

（一）计划的内容

计划的内容可以用 5W1H 来表示：
Why —— 为什么做？原因与目的。
What —— 做什么？活动与内容。
Who —— 谁去做？人员。
Where —— 在什么地方做？地点。
When —— 在什么时间做？时间。
How —— 怎样做？手段与安排。

（二）计划安排表

计划安排表是将某一时间段中已经明确的工作任务予以清晰地记载和标明的表格，提醒使用人和相关人员按照计划安排表的进程行动，可以为一人使用，也可以为多人共同使用。最常见的计划安排表包括年度计划安排表、季度计划安排表、月计划安排表、周计划安排表。时间跨度越小，填写的信息就应该越详尽、细致、明晰、准确。

1. 年度计划安排表

年度计划安排表以一个年度为计划单元周期，将新的一年内要进行的主要活动制成一览表，做到心中数，以便提前做好准备。秘书人员编制年度计划安排表时可以参照上一年的安排表和新一年的工作部署，要简单概括，一目了然。

2. 季度计划安排表

季度计划安排表以一个季度为计划单元周期，将一个季度内的相关活动制成一览表，可视为年度计划安排表的按季度分解，内容上可能会比年度计划安排表稍显详细一些。

3. 月计划安排表

月计划安排表以一个月为计划单元周期，将一个月内的相关工作制成一览表。编制方式有两种：一是由主管领导负责召开会议，请其他领导提出下月计划，再结合集体议定的事项，由秘书人员制表，经主管领导审定下发实施。二是月底秘书部门请各位领导将下月的安排或活动以口头或书面的形式交给秘书人员综合整理，遇到冲突矛盾加以沟通协调，然后编制并经主管领导审定下发实施。

4. 周计划安排表

周计划安排表是以一周为计划单元周期，在月计划安排表的基础上制定的一周内工作安排一览表。一般是在本周五的下午（或下周一的上午），由主要领导开碰头会来协商下一周（或本周）的活动安排，加上平时收集的信息，由秘书人员填写在固定的按周一至周五并分上下午时间的表格中，经被授权人过目后印发给相关人员。

> **小提示**
>
> 编制计划安排表的基本操作步骤可以概括为：了解需求→确定周期→协调矛盾→排列活动→绘制表格→填写信息。

（三）工作日志

工作日志就是日计划安排表，是以一天为计划单元周期，根据周计划安排表编制出一天时间内的活动计划，即从上班开始到下班为止什么时间应该做什么事，特别是上司的活动。工作日志是秘书人员协助上司提高效率的一种很重要的工具。秘书人员要确保上司日志信息的保密，只给上司授权的人查阅。

1. 工作日志的内容

工作日志一般以属于上司必做的事情为主线，其内容通常包括：

（1）上司在单位内部参加的会议、活动情况，要记录清楚时间、地点、内容；

（2）上司在单位内部接待的来访者，要记录清楚来访者的姓名、单位详情、约会时间；

（3）上司在单位外部参加的会议、活动、约会等情况，要记录清楚时间、地点及确切细节、对方的联络方法等；

（4）上司个人的安排，如去医院看病，应当保证不在这段时间安排上司其他事宜；

（5）上司的私人信息，如亲属的生日，以提醒上司购买生日蛋糕或礼物。

除了包含上司的活动内容外，秘书人员的日志还需要包括：

（1）上司的各项活动需要秘书人员协助准备的事宜，如为上司准备某会议发言稿、订机票等；

（2）上司交办自己的工作，如为签字仪式联系地点、媒体等一系列准备工作；

（3）自己职责中应该做的工作、活动，如参加值班、撰写工作总结等。

2. 工作日志的形式

工作日志有两种形式，一种是手工填写的工作日志，另一种是电子工作日志。编制手工填写的工作日志的方法是：

（1）提前了解上司工作和活动的信息，并在两本日志上填入，并于当日一早再次确定和补充；

（2）提前在自己的日志上也清楚地标出自己当日应当完成的工作；

（3）填写的信息要清楚，方便阅读，保持整洁。最好先用铅笔填写，确认后再用水笔正式标明，还可以使用不同颜色标明；

（4）填写的信息要完整，标明各项活动的时间、地点、人员、联络方式等必要信息；

（5）填写的信息要准确，当日出现情况变化时，应当立即更新日志，并告知上司出现的变化；

（6）在上司日志变化的同时，也应当相应地更改自己的日志，并做好变更的善后工作；

（7）在自己的日志上要清楚标出为上司的有关活动所做的准备，并逐项予以落实。

> **小提示**
>
> 手工填写的工作日志通常要准备两本，一本为上司使用，一本为秘书人员自己使用。

电子工作日志一般通过电脑程序中的 Microsoft Outlook 建立，上面有今日的时间、本月和下月的日历，只要输入工作任务即可。输入的方法和内容与手工填写的日志基本相同，用起来更方便，并可以迅速修改和更新内容，不留痕迹。

3. 工作日志的调整

有时可能会因为一些意想不到的因素，必须变更原来的安排，但应该尽量想办法将变更限制在最小的范围。变更的主要情况有：原定结束时间延长超时；追加紧急的或新添的项目；项目的时间调整、变更；项目终止或取消。秘书人员调整工作日志要注意：

（1）安排的活动之间要留有10分钟左右的间隔或适当的空隙，以备活动时间的拖延或添加临时的、紧急的情况；

（2）进行项目的时间调整、变更，仍然遵循先重急后轻缓的原则，并将变更的情况报告上司，慎重处理；

（3）确定变更后，应当立即做好有关善后工作，例如通知对方、说明理由、防止误解等；

（4）再次检查工作日志是否已经将变更后的信息记录上，不要漏记和不做修改。

二、模拟演练

根据上述介绍的日常计划管理知识，请参考任务示例，合理虚拟必要的内容，编制一份工作日志。

课题 8　日常计划管理

课题强化训练

<训练 1>

课题任务示例中是××公司秘书某一天的工作日志。在当天上午 11：00 左右，突然接到总部紧急通知，让本部门经理和副经理下午 3：00 到总部会议室参加工作报告会议。

假设你就是这位秘书，你会怎么做？

<训练 2>

××公司销售总监王×明天上午要召开销售工作会议，然后要与日月公司的柳经理会谈并共进午餐。下午要与人事部的同事一起到某高校招聘业务人员，晚上研究确定新聘人员的面试名单和面试安排。

假设你是××公司销售总监王×的秘书，请拟制出王总监明天的工作日志。

<训练 3>

在计算机程序中找到 Microsoft Outlook 程序，打开个人文件夹，练习用日志来管理的自己的时间。

<训练 4>

小刘是新来的办公室秘书，请你告诉她编制计划安排表的步骤和方法，并帮助她编制出公司第三季度活动计划安排表，具体内容可以合理虚拟。

<训练 5>

请根据学生会/班级工作实际，编制一份新学期第一个月（9 月/3 月）的活动计划安排表。

<训练 6>

请到你所在的院（系）办公室，考察办公室人员是如何编制每周的工作安排的？

课题工具参考

秘书与主管工作日志（示例）

秘书工作日志			行政主管日志		
7月，19			7月，19		
16 日　星期一　第 29 周			16 日　星期一　第 29 周		
秘书工作日志			行政主管日志		
时间	内容	地点	时间	内容	地点
9：30	经理主管会议	董事会会议室		经理主管会议	董事会会议室
10：00	欢迎新员工暨员工培训课开课仪式	员工培训中心 B16 房间			

续表

11：30	给参加员工培训课的员工讲话	地点同上	11：30	给参加员工培训课的员工讲话	员工培训中心B16房间
12：30	××俱乐部午餐	××酒店	12：30	××俱乐部午餐	××酒店
14：00	兑换支票以获取零用现金	银行			
14：30	与地区管理员×××先生约会	办公室	14：30	与地区管理员×××先生约会	办公室
16：30	审查员工鉴定录像	员工培训房间	16：30	审查员工鉴定录像	员工培训房间
19：00	与××先生玩壁球	员工俱乐部			
19：30至20：00	高尔夫俱乐部野餐会	××大街高尔夫球馆	19：30至20：00	高尔夫俱乐部野餐会	××大街高尔夫球馆

年度计划安排表（示例）

××××年度计划日程安排表

1月	14日召开职工代表大会 23日董事会
2月	参加广交会
3月	召开股东大会 董事长去日本考察
4月	3日职工技能大赛开始，5日结束 公司举行"以人为本"演讲比赛
……	……
12月	进行年终总结大会，奖励先进个人和车间

季度计划安排表（示例）

××公司第二季度活动时间表

月份 周次	4月份	5月份	6月份
第1周	周一上午总经理面试人事总监	总理经理去香港与××公司进行商务谈判	上半年绩效评估工作部署
第2周	周五对全体员工进行办公礼仪培训	周一上午开董事会会议	各部门自行评估
第3周	公司品牌战略讨论会（在上海分公司召开）	周三召开公司办公会议	对各部门主管进行绩效评估
第4周	周一传达上海会议精神	周二公司领导审看广告片	周五上午召开部门经理会

月计划安排表（示例）

××公司4月份活动时间表

时间	活动名称	活动地点	承办部门	参加领导
2日	安全知识讲座	礼堂	保卫部	耿副总经理
10～12日	全国中小企业技术改造论坛	博瑞华苑酒店会议厅	宣传部	张总经理、耿副总经理
17～18日	市行风整治领导小组工作检查	一号会议室	办公室 财务部	总经理及副总经理、各部门负责人
25日	工作会议	三号会议室	工会	王副总经理

周计划安排表（示例）

××公司12月第一周活动时间表

时间	活动名称	活动地点	承办部门	参加领导
12月1～5日	"爱我公司，共谋发展"系统宣传活动	拟使用公司大礼堂	宣传部	总经理罗××、副总经理魏×
12月4日	各部门工作汇报会	公司一号会议室	办公室	总经理、副总经理、各部门负责人
12月5～6日	西南地区贸易促进会	×××饭店	营销部	总经理罗××、副总经理李××
12月6日	罗总经理会见再生集团客人	公司一号会议室	办公室	总经理罗××、副总经理李××

课题 9　日常会议管理

课题任务示例

周一下午，公司总经理让秘书小舒向公司各部门主管发送会议通知，定于12月20下午14：00召开各部门主管会议，主要是讨论公司人员编制和工作绩效评估问题。小舒认为这次会议尽管只是一个内部会议，可会议是临时通知的，并且非常重要，因此，小舒首先预订了公司第一会议室，接着在公司内网上发布了一个会议通知，然后又打电话通知每一个部门主管有关会议的事宜。

任务：
1. 根据以上情景，分析会前还要做好哪些准备工作？
2. 学会管理会前、会中、会后各项事务性服务工作。

课题任务分析

在现代企业管理中，企业领导人常常以召开会议的形式来解决生存和发展中的问题，因此，开会是公司领导人的一项非常重要的工作。同样，会议服务工作是秘书人员日常工作中的一个重要组成部分，秘书人员应该能够做好会前准备、会中服务和会后扫尾三个阶段中的事务性服务工作。

这个示例情景中，秘书小舒在发送会议通知的环节上做得非常专业：尽管只是一个内部会议，又是临时通知，但小舒除了在公司内网上发布了会议通知，还亲自电话通知各部门主管参会，保证参会者及时得到消息来准时参会。小舒还先预订了会议室，这为会议召开的场所提供了保证。当然了，小舒的这次会议服务工作才刚刚开始，还有其他工作也需要她去一项一项完成。

课题任务解决

一、基本知识

（一）会前筹备事务

1. 拟订会议议程和日程

（1）拟订会议议程。会议议程是为完成会议议题而做出的顺序计划，即会议所要讨论、解决的问题的大致安排，会议主持人要根据议程主持会议。拟订会议议程是秘书人员的任务，通常由秘书人员拟写议程草稿，交领导批准后，复印分发给所有与会者。

要拟订会议议程，一般有以下几个步骤：

第一，弄清楚会议各项议题的具体内容。

第二，将会议各项议题按照轻重缓急编排起来。

第三，预估会议各项议题所需的时间。

第四，编制会议议程。

编制议程时，越紧要的事项越应当排在会议议程的前端处理，越不紧要的事项则越应当排在议程的后端处理。同时注意议题所涉及各种事物的习惯性顺序和本公司章程有无对会议议程顺序的明确规定

（2）拟订会议日程。会议日程是指会议在一定时间内的具体安排。拟订会议日程要根据会议内容和会期，将会议内容进行合理分配。会议活动日程多以表格形式出现，要素包括时间、地点、内容、参加人、负责人等栏目。将会议时间分别固定在每天上午、下午、晚上三个单元里，使人一目了然，如有说明可附于表后。编排会议日程一方面要精简、高效、科学、合理；另一方面要松弛有度，劳逸结合，符合人体的生理和心理规律。

> **小提示**
>
> 会议日程需在会前发给与会者。了解会议日程，与会者可以更好地了解会议所要讨论的问题，清楚会议顺序计划，即获得有效信息。

2. 选择会议地点

（1）选择会议场所。选择具体会议场所应当考虑以下几个因素：

第一，交通是否便利。一般应当选择在距领导和与会者的工作地点均较近的地方。

第二，会场的大小是否与会议规模相符。一般来说，每人平均应当有 2~3 平方米的活动空间比较适宜。同时应当考虑会议时间的长短，时间长的会议，场地不妨大些。

第三，场地是否有良好的设备配置。桌椅家具、通风设备、照明设备、空调设备、音像设备要尽量齐全。同时应该根据会议的需要检查有无需要租用的特殊设备，如演示板、电子白板、放映设备、音像设备、录音机、投影仪、计算机、麦克风等。

第四，场地是否受外界干扰。应当尽量避开闹市区，会场内部也应当具有良好的隔音设备，以保证会议能在安静的环境中顺利进行。

第五，有无停车场所和安全设施问题。

第六，场地租借的费用是否合理。

第七，会议场所周围是否有必要的餐饮和娱乐设施。

> **小提示**
>
> 秘书人员在选好会议场所经单位主管上司同意后，应当和承租方签订使用协议，并且要保持与会场管理人员联系，特别是开会前要落实会场的准备工情况，使会议能够正常进行，确保万无一失，如有特殊情况应当立即向主管上司汇报，并协助上司一定解决问题。

（2）预订内部会议室。大多数企业都有自己的内部会议室，这就减少了租用外部场地和设施的费用，内部会议室适合举办内部会议和内部活动。

预订内部会议室要做到：

第一，要有一定的提前量，在确定准确的会期之后，应当尽早预订，以免被动。

第二，正式预订会议室之后，在使用的前一天，一定要再次落实，以免与其他会议发生冲突。

第三，预订和调配会议室，应当尽量使场地的大小、格局、设备的配备与会议的人数、性质和类型相匹配。

第四，调配安排会议室时要留有足够的自由使用空间，会议之间的间隔不要太紧，不要出现会议还未结束就被人清走的尴尬。

第五，负责会议室安排和协调的秘书人员，事先要查看会议议程，了解会议的主持者和演讲者是否需要音像辅助设备，要了解各种设备的功能，并事先将各种设备调整到最佳状态。

3．发送会议通知

（1）会议通知的内容。会议通知一般分为书面通知和口头通知两种形式，其主要内容一般包括：会议名称、主办单位、会议内容、起止时间、参加人员、会议议题、会议地点、联络信息报到事宜及相关要求、回复需要的信封邮票等、有关票证、会议地点交通工具路线等。

链 接

带回执的会议通知的构成

一般有以下五大部分：

- 标题——有两种写法：
① 主办单位名称+会议名称+通知（一般用于重要会议）
② 只写"会议通知"或"通知"（一般用于事务性或行政性会议）
- 通知对象——可以是单位也可以是个人。
- 正文——主要包括会议的目的和主题、会议时间（报到时间和结束时间）、会议地点（写明地点、路名、门牌号等，必要时可以附上简要地图）、参加对象

（如发给单位，要写明参加人员的基本职务、性别、参加会议的人数）、其他事项（费用、联系方式、报名方式等）。
- 落款和日期。
- 回执。

（2）会议通知的发送。会议通知发送的方式各种各样，主要有口头通知、电话（传真）通知、书面通知、电子邮件通知以及手机短信通知等。口头通知最突出的优点是快捷、省事，适合于参加人员少的小型会议。以电话（传真）为媒介传递信息，快捷、准确、到位，一般情况下，成本也不高。书面通知是一种传统的方式，适合大型会议。电子邮件通知和手机短信通知都是信息时代的产物，综合了上述三种方式的优势——快捷、准确、低成本，而且内容清楚，一目了然。

> **小提示**
>
> 由于书面通知在传递过程中需要一定的时间，所以要提前准备，如果在预定的时间里对方没有收到，还需要及时采取补救措施。

4. 布置会场和安排座次

（1）会场整体布局的要求。会场布置包括主席台设置、座位排列、会场内花卉陈设等许多方面。会议的整体布局要做到庄重、美观、舒适，体现出会议的主题和气氛，同时还要考虑会议的性质、规格、规模等因素，要根据会议的性质和形式创造出和谐的氛围。中大型会议要保证一个绝对的中心，因此多采用半圆形、大小方形的形式，以突出主持人和发言人。中大型会场还要注意进场、退场的方便。小型会场要注意集中和方便。

（2）主席台的座次。各种大中型会议的会场均应该设主席台，以便于体现庄重气氛和有利于会议的主持者主持会议。座谈会和日常工作会议一般不设主席台或主席桌。无论是否设置主席台，都要注意使会议主持人面向与会人员，避免同与会人员背向现象。主席台的布置要注意整体性的和谐，如是工作会议，主席台的布置基调应当为蓝色、绿色；如是庆典、表彰性的会议，主席台的基调应当为红色、粉色。

会议主席台就座者都是主办方的负责人、贵宾或主席团成员，安排座位时应当注意以下惯例：

第一，依职务的高低和选举的结果安排座次。职务最高者居中，然后按先左后右、由前至后的顺序依次排列。正式代表在前居中，列席代表在后居侧。

第二，为工作便利起见，会议主持人有时需在前排的边座就座，有时可按职务顺序就座。

第三，主席台座次的编排应当编制成表，先报主管上司审核，然后贴于贵宾室、休息室或主席台入口处的墙上，也可在出席证、签到证等证件上标明。

第四，在主席台的桌上，于每个座位的左侧放置姓名台签。

> **小提示**
>
> 一般会议不必把众多的领导人都请上主席台，只请讲话人和主持人即可。

（3）场内座次。小型会议室的座位，应当考虑与会者就座的习惯，同时要突出主持人、发言人。要注意分清上下座，一般离会场的入口处远、离会议主席位置近的座位为上座；反之为下座。会议的主持人或会议主席的位置应当置于远离入口处、正对门的位置。

代表会议、工作会议、报告会议等类型的会议需要安排场内其他人员的座次，常见的安排方法有 3 种：

第一，横排法。是按照参加会议人员的名单以及姓氏笔画或单位名称笔画为序，从左至右横向依次排列座次的方法。选择这种方法时，应当注意先排出会议的正式代表或成员，后排出列席代表或成员。

第二，竖排法。是按照各代表团或各单位成员的既定次序或姓氏笔画从前至后纵向依次排列座次的方法。选择这种方法也应当注意将正式代表或成员排在前，职务高者排在前，列席成员、职务低者排在后。

第三，左右排列法。是按照参加会议人员姓氏笔画或单位名称笔画为序，以会场主席台中心为基点，向左右两边交错扩展排列座位的方法。选择这种方法时应当注意人数。如果一个代表团或一个单位的成员人数是双数，那么排在第一、二位的两位成员应当居中，以保持两边人数的均衡。

（4）布置附属性设备。主要包括音响布置如扩音设备、耳机、同声翻译、麦克风等，声像布置如立体电视、激光、全息电影、组合录像、电脑控制的多镜头幻灯等，装饰性布置包括会标、标语口号、会徽、旗帜、花卉、字画等，其他布置如温度、湿度、照明、通风、卫生设施、电源插座等。

5. 制作会议证件

（1）会议证件的类型。会议证件是表明与会议有关人员身份、权利和义务的证据。它表明会议期间各种人员的身份，便于接待和管理；便于代表之间的相互辨认和联系、交流；凭证出入会场，保证会议安全；便于统计出席人数；给与会者留作纪念。一般包括代表证、列席证、工作证、记者证、来宾证等。

（2）会议证件的内容。会议证件上的内容一般可以包括：会议名称（必须写全称）、会徽（会议如有会徽，可将其印在会议证件上）、与会者姓名、称呼（先生、女士等）、身份（职务、职称等）、照片、证件种类、组织名称、证件编号、会议日期等。

（3）会议证件的样式。会议证件的样式主要有系带的卡片、黏性标签、有夹子的卡片和台签式的姓名卡片（"桌签"）及座签式的姓名卡片（"座签"）等。

会议证件的设计格调要与会议的性质和气氛相适应。

> **小提示**
>
> 为了便于辨认会场内各种人员的身份，同一会议的不同证件应当用不同的颜色和字体相区别。涉外会议证件可用中文和外文两种文字，外文排在中文下方。

6. 准备会议用品和设备

会议用品和设备可分为必备用品和特殊用品。必备用品是指各类会议都需要的用品和设备，包括文具、桌椅、茶具、扩音设备、照明设备、空调设备、投影和音像设备等。特殊用品是指一些特殊类型的会议，例如谈判会议、庆典会议、展览会议等所需的特殊用品和设备，像张贴画、花卉、充气模型、巨型屏幕、展台展板、签字用具等。

准备会议用品和设备要事先制定周密的准备方案，尽量详细地列出用品和设备的名称、数量和价格。会议用品和设备是购买、租用还是使用原有的，要本着统筹节约、经济适用的原则。

（二）会中服务事务

1. 接站和报到

大中型会议参加人数较多，应当及时做好接站和报到工作。接站时掌握与会代表的名单以及飞机、火车的班次及抵达的准确时间，将其编制成一目了然的表格，并要掌握会议代表的联络方式。要备有足够的车辆和接站的人员，制作醒目的牌子或横幅"××接待处"，接站人员要人手一份代表抵达的时间表，按分工的时间和线路迎接。

> **小提示**
>
> 对于自备交通工具的外地与会人员，要事先通过发传真或电话的形式告之到达报到地点的详细路线图。

在报到处的周围设立引导牌或标识牌，标明报到的具体位置。接待人员将预先准备好的文件袋(包括文件、证件、餐券、住宿房间号码、文具等)发给报到人员。必要时，引导与会者去其住宿的房间，并简单介绍周围的情况和开会的要求。

2. 签到和引导

开会前，秘书人员应当热情地迎接与会人员，并引导与会者及时签到，尽快就座。首先要选择恰当的签到形式，人数较少的小型会议，可由秘书人员按照事先确定的到会人员名单，逐一进行签到，以便迅速掌握到会者的情况。大型会议可使用签到卡，与会者只需要将自己的电子卡送入签到机插口，有关数据即传入会议组织中心。

签到后请与会者按照会前安排好的座位或区域就座。内部会议，与会者一般都有自己的习惯座位。大中型会议，一般事先制作好各种座次标识用品(如主席台或会议桌上的名签卡片、座次图表、指示牌等)，采取对号入座的方式，或是将会场划分为若干区域，以部门或地区为单位集中就座。

> **小提示**
>
> 负责接待签到的人员要提前到岗，使到会较早的人员不致产生无人过问的尴尬感觉。热情主动地迎接与会者，做到照顾周到，并按礼仪规范将客人引入会场。一般来讲，无论陪伴还是引领，秘书人员都应当站在上司或来宾的左侧。

3. 会议记录

在会议期间做好记录和笔记是秘书人员的主要职责。会议记录员应当协助主持人进行会议的筹划和安排工作。正式会议的记录是会议进程的原始记录，是具有法律效力的档案，因此务必准确、完整和条理清楚。

会议开始前，要准备足够的钢笔、铅笔、笔记本和记录用纸；准备好录音机和足够的磁带，以便作为手工记录的补充；提前到达会场，了解与会人员的座位图，便于识别会议上的发言者；准备一份议程表和其他的相关资料与文件，以便需要核对相关数据和事实时随时使用；在利用录音机的同时，必须作好手工记录，以防录音机中途出故障。如运用电脑记录，记录员应当掌握速录技巧，提高记录速度。

会议记录的内容主要包括：

（1）写明会议名称（要写全称）、开会时间、地点、会议性质。

（2）记下会议主持人，出席会议应到和实到人数，缺席、迟到或早退人数及其姓名、职务，记录者姓名。

（3）记录会议上的发言和有关动态。会议发言的内容是记录的重点。其他会议动态，如发言中插话、笑声、掌声、临时中断以及别的重要的会场情况等，也应当予以记录。

> **小提示**
>
> 记录发言可酌情采用简易记录、摘要记录与详细记录3种形式。

（4）记录会议的结果，如会议的决定、决议或表决等情况。

会议记录要确保内容真实可信，要将所有要点完整地记录下来，不能遗漏，内容表述要准确无误，不能含糊，不能夹杂记录者的任何个人情感，更不允许有意增删发言内容。会议记录一经会议主席签名，全体成员通过则不得再行改动。

4. 会议值班

大中型会议，一般要有会务秘书人员坚持24小时值守，必要时，应当建立主管领导带班制度,以保证会议顺利进行,并准备随时应付各种突发事件。

会议值班具体工作任务如下:

(1)在会议中协助搜集有关情况、文件和资料,传递各种信息。

(2)控制与会议无关人员随便出入会场,特别是保密性较强的会议更不能让外人随意进出。

(3)要备有公司和各部门领导的通讯录,以便及时与之联络,向其请示。

(4)要备有一份设备维修人员、车队调度人员和食宿等后勤服务部门主管人员的电话通讯录。

(5)要坚守岗位,人不离岗,保证会议信息的畅通无阻。

(6)做好会议期间各项活动与各种矛盾的协调工作。协助专职会议服务人员为与会者做好各项具体的服务工作。

(三)会后善后事务

1. 清退会议文件

会议文件资料清退要统一制发清退文件的目录,分清清退文件和不清退文件的范围,避免只要求部分与会者退回文件,而造成误会。

小型内部会议文件清退的方法:

(1)由会议主持人在宣布会议结束的同时,请与会者将文件放在桌上,由秘书人员统一收集。

(2)由秘书人员在会议室门口收集。

(3)由秘书人员单独向个别已领取文件而未到会的人员收集。

大中型会议文件的收集方法:

(1)提前发出文件清退目录,先由与会者个人清理,再统一交给大会秘书处。

(2)对会议工作人员,采取下发收集目录,限时交退。

2. 整理会议室

随着会议日程的进行,各种供会议使用的器材物品必然会打乱原有位置,当会议人员都离开现场之后,秘书人员就要与工作人员一同进行会议现场的清理工作。

整理会议室的具体工作任务如下:

(1)关闭会议现场的视听设备,按照会议计划中的物品使用清单,逐一核查,保证物归原位。

(2)收回在会议现场的一些布置物品,如横幅、会徽等。

(3)退还现场一些租借的物品和材料,妥善安排处理。如有设备、器材在会议使用中出现故障,应当及时修理,保证下次需要时的正常使用。

(4)秘书人员在会场发送和会议期间产生的文件一般来说是比较多的,尤其是带有保密性质的会议文件,会议结束后,秘书人员要及时清点收回,并仔细检查会议现场及各个房间，看是否有遗漏或剩下与会议有关的文件资料，以免遗失泄密。

3. 整理会议文件

会议结束后，除了做好前面提到了会议文件的清退工作，秘书人员还要做好会议文件资料的全面收集、整理和归档工作。

需要收集的会议文件资料主要包括：

（1）会前形成的文件。包括指导性文件、审议表决性文件、宣传交流性文件、参考说明性文件、会务管理性文件等。

（2）会中产生的文件。包括决定、决议、议案、提案、会议记录、会议简报等。

（3）会后形成的文件。包括会议纪要、传达提纲、会议新闻报道等。

立卷是指将会议文件加以整理，分门别类地组成一个或一套案卷，归入档案。其基本原则是"一会一案"，即以会议为单位立卷，按照会议文件资料的自然形成规律，保持其历史联系。会议文件立卷可以参照和遵循普通文件立卷的方法，如灵活利用文件的部门特征、时间特征、名称特征、作者特征等组卷，同时根据实际需要可以依照顺序、重要程度等方法排列卷内文件顺序。会议文件的立卷同样要做好卷内文件资料编目、备考表填写、卷皮填写等工作。

4. 会议总结

会议总结工作要以科学的绩效考评标准为指导。绩效考评标准是指对会议工作人员绩效的数量和质量进行评价的准则，应当具有完整性、协调性和比例性。会议工作总结要根据岗位责任制和工作任务书的内容逐条对照检查。

（1）检查会议目标的实现情况。

（2）检查各个小组的分工执行情况。

（3）做到员工自我总结和集体总结相结合。

（4）以总结经验、激励下属、提高工作水平为目的。

链　接

决定会议效果的主要因素

（1）是否具有召开会议的必要。

（2）会议准备是否充分。

（3）议程是否科学合理。

（4）主持人是否有较高水平。

（5）是否严格控制了会议人数。

（6）与会人数是否达到了有效交流信息并形成有效决议的最低限度。

（7）与会者的能力和态度。
（8）使用、维护会议设备的技术水平。
（9）环境卫生情况。
（10）决议是否得到有效实施。

二、模拟演练

根据上述介绍的日常会议管理知识，请同学们分组分角色扮演，模拟演练任务示例中的秘书小舒在完成这次会议服务中的表现。

 课题强化训练

<训练1>

××公司举行首届职工代表大会，会期共三个单元时间。第一个单元时间为开幕式和大会报告，第二个单元时间为代表团审议大会报告，第三个单元时间为投票表决各项决定和决议，并举行闭幕式。会议筹备之初，筹备处秘书组拟写了一份较详细的会议日程，准备提交预备会议通过。后来，有关领导在审查会议日程时，指出职工代表大会只制定一份日程不规范，也不科学，要求秘书组立即改正。

请谈谈秘书组应该如何改正？为什么要改正？

<训练2>

××公司最近获得了省里授予的百强企业的荣誉称号，准备召开庆功表彰会。办公室主任来检查会场，她发现秘书小舒安排的座次有问题。小舒按一般的礼仪规范，右为尊，将董事长的位置安排在前排最右边，副董事长、总经理、副总经理，所有领导按职务高低从右向左，后面是受表彰的人员。

请分析秘书小舒安排的主席台座次有哪些不当之处？应当如何纠正？

<训练3>

××公司最近举行了新产品发布会，由秘书小舒负责发布会的筹备。发布会上，总经理正在用投影仪介绍产品，突然投影仪失灵，服务人员马上过去修理，但半小时内没有修好，总经理只好不用投影仪，效果非常不理想，其间，由于专业化内容多，不易理解，有的听众离开了会场，致使会议无法达到预期目标。

请结合案例分析秘书人员应该怎样做才能避免类似问题的出现？

<训练4>

××公司是一家跨国公司，主要生产和经营IT产品。公司连续两年超额完成生产、销售任务。经公司部门经理工作例会研究，为了答谢广大客户对公司的支持，公司决定于12月16日～18日召开2009年度客户联谊会暨2010年产品订货会，听取客户对公司产品的意见和建议，确定次年产品订购情况。

假设你是总经理秘书，请完成下列任务：

（1）拟写一份带回执的会议通知。
（2）请为此次联谊会选择会址，并说明理由。
（3）请拟订此次会议的会议议程和日程，要求格式正确、规范，要素齐全。
（4）请按照实际情景，演示会议的签到和引导参会人员入场。
（5）请制作一份会议记录，要求格式规范、用语准确。
（6）请按照实际情景，演示整理会场过程。
（7）请按照实际情景，演示整理会议文件资料的过程。
（8）请按照实际情景，演示会议总结的过程。

××公司会议室预订登记表

日期	部门	参会人数	会议内容	开始时间	结束时间	所需设备	联系人	联系电话	备注

××公司销售团队会议议程表（示例）

公司销售团队会议将在6月16日星期一上午9：00在公司总部的三号会议室举行。

宣布议程。

说明有关人员缺席情况。

宣读并通过上次会议的记录。

通信联系情况。

东部地区销售活动的总结。

销售一部经理关于加强团队沟通问题的发言。

公司销售人员的招聘和重组。

销售二部经理的人选。

下季度销售目标。

××公司新产品销售展示会日程表（示例）

时间：2002年8月8日 地点：员工餐厅和公司会议厅			参加人员：销售主管和所有工作人员 目的：使员工对公司新产品有所了解		
	8：30	报到	地点	参加人员	备注
上午	9：00	销售主管作介绍	员工餐厅门厅	所有员工	
	9：50	休息	公司会议厅	所有员工	
	10：00	新产品展示——技术总监主讲和演示	公司会议厅	所有员工	
	11：00	销售活动录像	员工餐厅三层	自由参加	
	12：00	自助午餐	员工餐厅二层	所有员工	
下午	1：30	员工自由观看和动手操作新产品	员工餐厅三层	所有员工	
	2：30	销售部人员讲解广告宣传单	公司会议厅	所有员工	
	3：30	分小组讨论与咨询员工	餐厅三层	自由参加	
	4：30	散会			

部门经理会议通知（示例）

议题：讨论公司下一年度市场营销计划

时间：2009年12月20上午9：00

地点：公司第一会议室

如您无法出席，请于12月16日前电话告知秘书刘×。

会议通知（示例）

尊敬的客户/××单位：

　　为了进一步加强与贵公司的合作关系，听取客户对我公司产品和售后服务的意见和建议，以及为了做好2010年产品的订货工作，我公司定于2009年12月23日～25日，在××宾馆召开客户联谊会，请您/贵单位派员参加。会议报到时间12月22日全天。敬请回复及光临。

　　会议联系人张×，电话12345678。

　　附件：
　　1. 会议日程
　　2. ××宾馆车路线图及乘车指南

××公司

2009年11月2日

续表

<table>
<tr><td>
回　执

　　请于12月1日前将此回执邮寄或传真至：××公司总经理办公室　张×收，邮编：100100
电话（传真）：12345678。
　　□我公司参加此次会议，参加人数：_____
　　□我公司不参加此次会议。
　　预订返程车船票　　□车票　　□火车票　　□飞机票　　□船票；返程日期_____
　　　　　　　　　　　　　　　　　　　　　　　　车次/航班/船次_____

　　　　　　　　　　　　　　　　　　　　　　　　　　　_____公司
　　　　　　　　　　　　　　　　　　　　　　　　_____年____月____日
</td></tr>
</table>

表格式回执

姓　　名		性　别		职　务	
工作单位		通讯地址			
邮政编码		联系电话		传真	
E-mail		手　机			
能否与会		发言题目			
是否需要预定返程车票、机票	是□　否□				
	车票（机票）日期：				
	车次（航班）与起止地点：				

注：请于×月×日前寄××协会秘书处　×××收

××××会议报到登记表

（200×年×月×日）

序号	姓名	性别	年龄	工作单位	职务	通讯地址	联系电话	房间号码	电子信箱	需订返程票情况（时间、终点站等）

×× 公司会议记录

会议时间：××××年×月×日×时

会议地点：×××

出席人（数）：×××（主持人）、×××、×××、×××、×××、……、×××（记录人）

缺席（数）人：×××、×××、×××、……

会议主持人：×××（职务）

记录人：×××（职务）

会议内容记录：

×××：×××××××××××××××××××××××××××××××。

×××：××××××××××。

…………………

散会（会议于×时×分结束）。

              主持人：×××（签名）

              记录人：×××（签名）

(本会议记录共×页)

课题 10　日常信息管理

 课题任务示例

　　××电器公司产品销售量一季度很不景气。秘书小杨深入到各个市场，了解市场情况和产品需求，与消费者直接交谈，发放问卷，收集消费者对产品的价格、性能、服务等方面的评价，通过网络查询更为全面的相关信息。经理根据小杨收集的信息综合分析后对产品作了充分定位，第二季度该公司销售量就直线上升。

任务：
1. 请思考秘书小杨所做的信息收集工作给我们带来了哪些启示？
2. 学会信息收集、整理、传递、存储、反馈、利用的基本技能。

 课题任务分析

　　信息是事物存在的方式或运动状态的直接或间接的反映。信息工作是组织信息有序化交流和利用的活动。企业领导的主要工作是决策，而进行正确决策的前提是必须有准确、及时、充分的信息。秘书人员信息工作做得如何，直接关系着上司决策管理活动的效率。在一定程度上讲，秘书人员的工作就等于接收、变换、传输信息的工作。

　　这个示例情景中，秘书小杨对产品信息的收集与处理，对于经理重新进行产品营销决策起了关键的作用。如果没有秘书小杨深入市场，如果没有她通过多种有效途径和方式获得的高效、全面、优质的信息，就没有经理后来正确的决策。秘书人员日常信息管理的作用可见一斑。

 课题任务解决

一、基本知识

（一）信息的收集

1. 信息收集的范围

　　信息的收集是因实际利用的需要而通过各种渠道和方式获取信息的过程。工作活动中的信息需求是不断变化的，具有针对性和灵活性。秘书人员要以服务企业的各项工作为目标，确定收集信息的范围，按照工作活动的需要有针对性地收集原始数据信息。要坚持调查研究，及时准确地从大量信息中选取真实、适用、有价值的信息,为工作活动提供可靠的信息支持。

> **小提示**
>
> 一般来讲,秘书人员在日常工作中应当注意收集企业信息、国际市场信息、客户信息、贸易信息、国际金融信息、法律政策信息、交际活动信息等。

2. 信息收集的渠道

(1) 大众传播媒介渠道。包括广播、电视、报纸、期刊及其他文献载体,是现代社会获取信息的重要途径。特别是随着电子科技的发展和电视卫星通信网的完善,广播电视已成为信息交流的重要载体。

> **小提示**
>
> 大众传媒的信息杂乱无序,许多信息未经核实,可能包含有虚假信息和信息垃圾,秘书人员要有鉴别地从中收集有价值的信息。

(2) 图书馆。图书馆是信息的宝库,能够提供借阅、阅览及访问计算机媒体等服务。到图书馆查找信息需查阅图书馆目录,填写索书单,办理借阅手续。

(3) 联机信息检索渠道。将用户终端与检索中心(计算机)用通讯线路直接连接,用户通过终端输入提示、指令,使检索中心的多元计算机联合运行,从众多数据库中直接找出信息提供给用户的信息检索过程。联机检索是快速检索获取信息的有效途径。

> **小提示**
>
> 互联网上有许多搜索引擎,能够使你迅速找到信息的系统。为保证搜索成功,需认真选择输入搜索引擎的关键词。不然,将得到大量参考项,其中有许多是不相干的。如果选项范围太窄,搜索引擎又可能会毫无发现。

(4) 供应商和客户。供应商可提供的信息有:产品目录、广告材料及需要其提供的特定服务的信息。客户能提供的信息有:调查表形式的市场信息;服务的反馈信息;竞争对手提供的服务和产品的信息;产品和服务的需求信息。

(5) 贸易交流渠道。利用各种贸易交流机会,如展销会、交易会、洽谈会了解情况,索取信息材料,在相互交流之中获得能够满足需求而又相对集中的信息内容。

(6) 信息机构渠道。信息社会需要庞大的信息传播中介机构储存信息。信息机构肩负着信息传播中介的使命,成为信息源的集散地,成为人们获取、利用信息的主要场所。秘书人员要善于利用信息机构所储存的丰富的信息资源,可委托信息机构定向收集相关信息。

(7) 关系渠道。指业务往来关系、横向人际关系、纵向从属关系渠道。秘书人员要在业务往来活动中获取信息，如在同有关的海关、银行、商检、工商、税务、保险、统计等部门的业务往来中，不失时机地了解相关法规、条例，收集各种信息。

（8）调查渠道。调查是有目的、有重点、主动收集信息的重要方法。秘书人员要有目的、有计划地进行市场调查，亲自深入现场，通过各种途径和方式，直接收集第一手资料，挖掘层次更深、质量更高的信息内容。

> **小提示**
>
> 秘书人员陪同领导出差时，是收集信息的极好机会，应当利用考察、实地调查亲自感受和获取信息，深入了解市场情况。

3. 信息收集的方法

（1）观察法。直接用感官或借助其他工具认识客观事物，获取信息的方法。观察法简单、灵活，能获得较为客观的信息，但获得信息量有限、深层次信息少。

（2）阅读法。通过阅读书籍、报纸、杂志等获取信息的方法。阅读法获取信息方便，获得信息量大、涉及面广、适用性强，但其中的信息可能有失真的成分。

（3）询问法。通过提问请对方作答获取信息的方法，包括人员询问、电话询问和书面询问。询问法灵活、实用，双方直接交流沟通，能获得语言信息和非语言信息，获得的信息价值大，但费用高、时间较长、规模小。

> **小提示**
>
> 利用询问法要求秘书人员掌握询问技巧，具备良好的素质和能力。

（4）问卷法。通过向被调查者提供问卷并请其对问卷中的问题作答而获取信息的方法，问卷有封闭式问卷和开放式问卷。问卷法可以减少主观性，收集的信息客观，便于定量处理和分析，节省人力、费用和时间，效率较高，但问卷的质量、回收难以保证。

（5）网络法。通过网络所提供的服务获取信息的方法。网络法可以不受时间、地域的限制，获取广泛、迅速、时效性强的信息，但信息来源复杂。

（6）交换法。通过将自己拥有的信息材料与其他单位的信息材料进行交换而获取信息的方法。交换法获得信息及时、适用、针对性强，节省时间，能够根据需要确定信息交换的方式、内容，但交换信息的范围窄。

（7）购置法。通过订购、现购、邮购、代购等方式，购买文献资料、磁带磁盘等获取信息的方法。购置法能够获得大量系统化、专业化信息，信息来源广，但费用高，花费时间和人力。

（二）信息的整理

1. 信息的筛选

信息的筛选是对收集到的大量信息进行鉴别和选择，判断信息的价值，决定信息的取舍，提取真实、有价值、能满足需求的信息的过程。

信息筛选的工作程序是：

（1）看来源。不同来源的信息，重要性不尽相同。上级形成的信息带有全局性、综合性和权威性，而平级和下级形成的信息主要起参考作用。秘书人员要从多种信息来源中把握重点单位、部门和人员的信息。

（2）看标题。信息的标题一般可以反映信息的内容和价值，秘书人员要认真分析标题，把握信息的主题，根据信息的标题确定信息价值的大小。

（3）看正文。先浏览正文，了解其主要内容，初步确定是全部选用，还是部分选用，甚至不用。初选后，对拟用信息再认真阅读，判断是否有价值。如果可用，再看有无内容不准确、不完整和表述不清楚的问题。

（4）决定取舍。对信息进行严格的选择，从中挑出能够满足需求的信息，对工作具有借鉴作用、参考作用的信息，舍去虽真实但无用的信息。

> **小提示**
>
> 决定取舍常常会遇到几份信息反映同一类问题的情况。对此，可采用两种方法：一是选择其重点、特点，综合成一份信息材料；二是择优录用，选择宏观的，淘汰微观的，或是选择典型的，淘汰一般的。

（5）分别处理。经过筛选的信息，对选中的，分轻重缓急进行信息的加工处理；对暂时不用但可以备查的，进行暂存；对不用的，按有关规定进行暂存、移交或销毁。

链接

办公室常备的信息资料

秘书人员在工作中经常要查阅和利用信息，所以在办公室应当备有常用的信息资料，以便随时翻阅。办公室常备的信息资料有：参考书(包括工作用参考书、手册、百科全书、字典与词典、年鉴)、报纸期刊、统计资料、地图集、内部文献、人名地址录、广告材料和宣传品以及有关政府出版物、法律法规汇编、政策汇编等。

2. 信息的分类

信息的分类是根据信息所反映的内容性质和特征的异同，分门别类地组织起来的一种科学方法。

信息分类的方法主要有：

（1）字母分类法。按照信息的作者姓名、单位名称、信息标题等的字母顺序分类组合的方法。该法分类规则容易掌握，操作简单，不需要索引卡，能与地理或主题分类法结合使用。但查找信息须知道姓名或单位名称、标题，某个字母下排列的信息较多时，查找费时；大型系统使用时，很难估计每一字母需要的存储空间。

（2）地区分类法。按信息产生形成所涉及的地区或行政区划等特征，将信息分为各个类别，再按字母的先后顺序排列的方法。该法便于查找具有地区特性的信息，分类方法容易掌握，但采用地区分类法需要有一定的地理知识，只适用于某些单位或部门。

（3）主题分类法。按信息内容进行分类的方法。为了全面、准确地反映主题，便于利用，可以按多级主题分类。信息最主要的主题名称作为分类的首要因素，次要的主题作为第二个因素，依此类推。该法能使相关内容的信息集中存放，能按逻辑顺序排列，方便检索，但分类标准不好掌握，标题不能很好地反映主题时，归类不易准确。

（4）数字分类法。将信息以数字排列，每一通讯者或每一专题给定一个数字，用索引卡标出数字所代表的类别的方法。该法规则简单，通过在后面添加号码进行存储扩展，适宜电脑储存，适合于大型信息系统。但查找信息需要参照索引卡片，花费时间；如果分类号码有误，查找信息麻烦。

（5）时间分类法。按信息形成日期先后顺序分类的方法。该法可用作大型信息系统的细分，一个案卷内部的信息可按时间排序。但需与索引系统配合使用，仅适合于时间特性强的信息。

> **小提示**
>
> 信息分类要注意以下两个问题：
>
> 第一，要利用颜色、标签区分类别。针对分类结果，将每个字母、地区、主题等的文档使用特定颜色文件夹或在文件夹外边加彩色标签，区分信息类别；给索引卡涂上不同颜色，以便检索。
>
> 第二，要建立交叉参照卡。对于能归类到两个位置的信息，如公司更名信息、多主题信息，为了便于查找，可建立交叉参照卡。填写交叉参照卡存储在归档系统的相关位置。查找到该位置，查看卡片就知道另一个查找线索。

3. 信息的校核

信息的校核是对经过初步甄别的信息作进一步的校验核实，分析信息的可靠性和准确性，对信息的真实性进行认定的过程。

信息校核的方法主要有：

（1）溯源法。对收集到的信息所涉及的有关问题进行审核查对，尽量找到最原始的材料。

（2）比较法。对反映某一事实的各方面的信息材料进行比较，判断说法、结论是否一致。

（3）核对法。依据直接的最新的权威性材料，进行对照分析，发现并纠正信息中某些差错。

（4）逻辑法。对信息中表达的事实和叙述方法进行逻辑分析，从而辨别真伪。

（5）调查法。对信息中所表达的事物的运动变化情况，通过现场调查来验证它的真实性和准确性。

（6）数理统计法。对原始信息中的数据做定性分析，运用数理模式进行计算鉴定。

> **小提示**
>
> 收集的信息材料并非都要进行校核，主要是对信息材料中的时间、地点、人名、事实、数据等进行校核。要根据信息材料的用途，决定校核的具体内容。

（三）信息的传递

1. 信息传递的形式

（1）信件。信件是正式的书面交流信息，可用于外向传递（如给客户、供应商的信件）、内向传递（如晋升或提高工资的信件），通常在一些数量有限和需要特殊信息的人之间传递。信件具有凭证作用，便于阅读和参考。信件内容通常包括目的、主题、结束语三部分。

（2）备忘录。备忘录是通信的简化书面表格，通常在公司内部使用，即企业内部之间进行信息交流，尤其是在相互了解的人之间使用。备忘录采用书面形式，文字不必像信件那样正式，便于查阅和参考，使用方便。

（3）报告。报告是供他人阅读的正式文件，包含了有关内容的详细信息，被用来正式陈述事实性的信息，通常针对特定的利用者。报告的内容要正确，结构合理，重点突出，力求简洁，并得出确定的结论。

> **小提示**
>
> 如果想汇报自己参加的某项活动，或针对特定的对象的某种需要汇报某一明确主题的事实、情况时，可以采用报告的形式。

（4）通知。通知使用的范围最为广泛，使用频率最高。通知的事项或要求办理的事情往往有很强的时间性。即使是规定性通知，也具有时效。通知的语言要求精练。

（5）指示。书面指示应当简明清晰，要讲清应该完成什么工作，以及完成这项工作的时间及工作方法。编写书面指示应该讲清目标，指明工作方式，规定时限，指出实现预定目标应当采取的措施，指出发送对象。

（6）新闻稿。企业公布决定或政策时，可采用发布新闻稿的方式。新闻稿要简明扼要，直入主题，客观反映事实，不作评论说明。

（7）企业内部刊物。企业内部刊物主要介绍公司动态和业务进展情况，是沟通上下、联系员工的桥梁。内部刊物的内容一般有：公司内部信息、职务升迁信息、员工信息、员工嘉奖榜、业务往来信息等。

（8）传阅单。需要传阅内容多的信息时利用传阅单，上面列出所有应当阅读该信息的工作人员的姓名和部门，阅读完信息后在传阅单上签字。

（9）新闻发布会。在一定的时间，根据工作需要，公布重要信息，发布有关新闻或阐述观点，并回答提问，属于权威性的信息发布，面对面的交流能产生好的效果。

> **小提示**
>
> 秘书人员要落实发布会日期、地点、出席名单；准备展览用品、赠品；制作工作人员及展览会使用标牌；发请柬和资料；拟写及印发有关信息材料；布置会场等。

（10）声明。在报刊上宣布新的任命或电话、地址的变更等，声明要简短，引人注目。

（11）直接邮件。直接邮件是将公司的信息材料通过邮局寄出。秘书人员可以通过邮寄的方式，向经过选择的消费者推销某种产品或服务。

2. 信息传递的方法

（1）语言传递。语言传递是将信息转化成语言传递给信息接受者，如对话、座谈、会议、提出请求、听取汇报、演说等，是使用语言、姿态、倾听来传递信息。语言传递简洁、直接、快速，信息反馈及时，较少受场合地点的限制，但获得的信息零乱，对信息接受者来说较难储存。

（2）文字传递。文字传递是将信息转换成文字、符号、图像传递给信息接受者，可避免信息失真变形，实现远距离多次传递，便于利用和存储。文字传递的表现形式是文本、表格、图表等。

（3）电讯传递。电讯传递是利用现代化的通讯手段传递信息，传递速度快，信息量大，效果好，抗干扰力强，能够跨越空间的限制。秘书人员电讯传递的途径有电话、传真、电子邮件。

（4）可视化辅助物传递。可视化辅助物传递可通过影像、投影、展示架、展示或示范、布告栏等形式进行，可以用来帮助理解工作任务和信息，如可用于消防、安全布告及出口标志等。

(四) 信息的存储

1. 信息存储的载体

(1) 纸质载体。纸质载体是目前使用最多的信息存储载体,便于记载和阅读。

(2) 磁性载体。磁性载体主要有硬盘、U盘、移动硬盘、磁带、光盘、缩微品等。

> **小提示**
>
> 信息存储的装具与设备有文件夹、文件盒、文件袋、文件柜与文件架等。

2. 信息存储的程序

(1) 登记。登记是建立信息的完整记录,系统地反映信息存储情况。信息登记有总括登记和个别登记两种类型。

(2) 编码。登记存储的信息要进行科学的编码,由字母或数字组成基本数码,再由基本数码结合成数据。信息编码的方法有顺序编码法和分组编号法。

(3) 排列。对经过编码的信息要进行有序化的存放排列。常用的排列方法有时序排列法、来源排列法、内容排列法、字顺排列法。

(4) 保存。一是手工存储,通过手工将信息保存在信息存储装具与设备中;二是计算机存储,通过计算机存储以数据库、电子表格、文字处理或其他应用程序的形式形成的信息;三是电子化存储,利用电子文档管理系统存储信息;四是缩微胶片存储,利用照相方法,将信息记录保存在缩微胶片上。

> **小提示**
>
> 通过计算机存储信息,要对信息进行定期备份,并将备份另行存放。重要信息要制作书面备份。

(5) 保管。有序化保存的信息要进行保管,做到防火、防潮、防高温、防虫害、防失密、防泄密、防盗窃,定期或不定期进行清点,及时剔除失去保存价值的信息,及时存储更新,不断扩充新的信息,建立查阅、保管制度,实施科学保管。

3. 信息存储的要求

(1) 选择有使用价值的信息存储。

(2) 按信息内容确定存储期,对过期的信息及时进行调整和清理。

(3) 分类存储信息。

(4) 防止存储信息受到损坏、失密。

(5) 信息的存储要便于查找和利用。

（五）信息的反馈

1. 信息反馈的形式

信息反馈是将信息使用过程中产生的效应及活动中不断产生的信息进行再收集、再处理、再传递的过程。其反馈的形式有：

（1）正反馈和负反馈。正反馈一般为决策执行中的成绩、经验方面的信息反馈；负反馈一般为决策执行中的问题、失误方面的信息反馈。

（2）纵向反馈和横向反馈。纵向反馈是向上级管理部门和决策层反映执行指令情况的反馈；横向反馈是同级组织之间的信息反馈。

（3）前反馈和后反馈。前反馈是在信息发出前，信息接受者向信息发出者表示的要求和愿望；后反馈是在信息发出后，信息接受者对信息做出的反应。

2. 信息反馈的方法

（1）系列型反馈信息。将工作活动的全过程情况按不同的发展阶段连续反映。

（2）广角型反馈信息。对工作活动的某个过程从不同角度进行反映。

（3）连续型反馈信息。对工作活动中的某个关键问题在短期内连续不断地进行反映。

3. 信息反馈的要求

（1）信息反馈要准确真实。

（2）尽量缩短信息反馈时间。

（3）信息反馈要广泛全面，多信源、多通道反馈。

> **小提示**
>
> 秘书人员进行信息反馈要做到既报喜又报忧；既讲究实效性又把握准确性；既重视初级反馈又综合加工深层次反馈信息；既提供目前状况的反馈信息又提供过去或将来工作的反馈信息。

（六）信息的利用

1. 信息检索服务

根据需要将存储起来的信息，通过索引、目录和计算机检索系统查找出来，直接利用信息或信息复制品。

进行信息检索有 4 个环节，即分析信息需求；明确检索要求；选择检索系统，选择检索途径和检索方法，确定检索词；实施信息检索，获取信息。

在实施检索的过程中，可以根据检索结果的情况，调整检索词、检索途径和检索方式，充分利用信息检索系统提供的缩检和扩检功能，提高检索结果的满意度。

2. 信息加工服务

即通过对信息内容进行分析研究、选择、加工、编辑后，利用者利用信息成果的方式。

3. 定题查询服务

向利用者提供特定主题和内容的信息，以满足利用者需求。

4. 信息咨询服务

答复利用者询问，指导其利用信息的服务方式，如问题解答、事实咨询服务等。

5. 网络信息服务

建立在现代信息技术基础上，以计算机硬件和通信设备为依托，以应用软件为手段，以数据库信息为对象进行的利用服务，如电子信息发布、电子邮件等。

小提示

信息利用中可使用跟踪卡、文档日志记录信息借阅情况。

（1）跟踪卡。当信息被借用时应该填写跟踪卡，放置在信息原存放处，使其他利用者知道该信息去向。信息归还时，要填好跟踪卡。应当定期检查跟踪卡，如果信息已借出一段时间，要与对方及时联系。

（2）文档日志。跟踪信息还可用文档日志。当借出信息时，在日志簿上签名；归还时再签名以示归还。如果找不到某信息，查看日志簿，了解信息利用情况。

链 接

商务信息利用中的"八忌"

- 忌不选择：对信息不加分析，听到或看到就盲目利用。
- 忌不对比：信息量少，没有对比的渠道，得到只言片语的信息就使用。
- 忌质量不高：所获得的信息欠准确，主要资料、数据失实或模棱两可。
- 忌来源不准：对信息来源不做具体的认真调查，真假难辨。
- 忌时间性不强：已过时的信息当作有价值的信息，或利用不及时，延误了时机。
- 忌空间性失误：忽视不同地域因素对信息运用的制约，不从地区实际情况出发，盲目照搬。
- 忌不注意市场变化：应用信息时不注意市场变化，凭个人兴趣和爱好搜集与应用信息。
- 忌范围有限：只注重商品信息、市场信息，而相关的必要的政治、科技信息注意不够。

二、模拟演练

根据上述介绍的日常信息管理知识，请同学们讨论并列出任务示例中的秘书小杨做好本次信息收集工作的操作要点，并分组在课下完成模拟实践，最后形成相应的文本材料。

 课题强化训练

<训练1>

请通过网络收集2010年上半年秘书国家职业资格鉴定考试的相关信息，供自己参加鉴定考试参考。

<训练2>

请分组通过各种渠道和方法，收集目前中小企业招聘秘书的条件与要求，然后各组整理出一份专题小报告，在班上召开专题交流会。

<训练3>

请讨论分析秘书人员收集信息是不是"多多益善"。

<训练4>

信息书面传递的方法的表现形式是文本、表格、图表等，其中图表的基本类型有柱状图、饼状图、折线图，请分别虚拟三个实例，用计算机制作相应的图表。

<训练5>

××公司为了开拓新的市场，拟开发一种新型食品营养调理机项目。公司为此专门召开办公会议，讨论开发新型食品营养调理机的优势及可行性。会上总经理要求秘书小舒马上着手进行调查，收集产品应用的可行性和市场前景的相关信息。

假设你是秘书小舒，请完成下列任务：

（1）围绕新型食品营养调理机项目开发的可行性，利用网络收集相关信息。

（2）设计一份调查问卷，向消费者收集各种营养调理机的使用意见，并进行统计分析。

（3）向有关部门咨询，了解各种营养调理机的使用成本；同时向本公司技术开发部了解各种营养调理机的使用成本。

（4）到商场实地调查，收集各种营养调理机的销售价格，向商家了解各种营养调理机的销量和消费群体，说明信息来源。

（5）写出行业调查报告和信息收集的总结。

<训练6>

××集团公司正对人事管理制度进行修订，总经理办公会重新拟定了一个《员工奖励办法》，为进一步充实和完善此办法，总经理责成秘书小王了解员工的意见。

假设你是秘书小王,你要为总经理收集各分公司和总公司各部门员工的反映,并将各分公司和总公司各部门的反映信息及时反馈给总经理,那么你将如何做好这项工作?

课题工具参考

常用网络搜索引擎

新浪搜索	新浪网搜索引擎是面向全球华人的网上资源查询系统。网站收录资源丰富,遵循中文用户习惯。目前共有 16 大类目录,一万多个细目和 20 余万个网站,是互联网上最大规模的中文搜索引擎之一。
Yahoo!中国	Yahoo!中国收录了全球资讯网上数以万计的中文网站,不论你要找的网站是用国标码简体字、大五码繁体字还是图形中文,都可以在这里找到。雅虎中国为用户提供了强大的搜索功能,通过其 14 类简单易用、手工分类的简体中文网站目录及强大的搜索引擎,用户可以轻松搜索到各方面的信息。
Google	提供有类目检索和网站检索两种方式,支持"AND"和"-"等条件查询,提供网站内部查询和横向相关查询。Google 允许以多种语言进行搜索,在操作界面中提供多达 15 种语言选择,包括英语、主要欧洲国家语言、日语、中文简繁体、朝语等,同时还可以 10 种东欧语言进行查询。
天网搜索	天网中文搜索引擎是由北大计算机系网络研究室设计开发,主要是中国教育和科研网上的 Web 资源。目前已标引了 32 万个网页和 9 万篇网络新闻的文章。
悠游中文搜索	悠游中文智能搜索引擎通过"口语化的提问,智能化的结果"满足了广大用户的各种查询需求,使您能够悠然自得地在网上畅游。目前已包含 200 多万中文互联网网页,在这里可查到各个网站所辖的各个网页。
百度	百度公司是中国互联网领先的软件技术提供商和平台运营商。中国提供搜索引擎的主要网站中,超过 80%由百度提供。1999 年底,百度成立于美国硅谷,2000 年百度回国发展。百度的起名,来自于"众里寻她千百度"的灵感,它寄托着百度公司对自身技术的信心。
163 搜索	163 搜索的网站库有 25 万多条信息,是互联网上最大规模的中文搜索引擎之一,它的分类目录体系设置科学严谨,目前共有 19 大类目录,目录总数已达 1600 多条。
Lycos 中国	Lycos 提供有 18 大类目录总共超过 25 万个网站查询,并且每周添加并更新新的内容,Lycos 提供了网站、网页、新闻、小说全文阅读、产品、FTP、MP3、多媒体(图片、音频和视频文件)等多功能的搜寻服务,有搜索帮助。
北极星	在 2001 年 CNAZ(中文网站评估认证网)的网络专项功能排名调查中获得搜索引擎类排名第十位的骄人成绩。其高级检索分为在网页中检索和在网站中检索两大类,最多可输入 3 个检索词,利用逻辑与、或连接成复合检索式。
焦点搜索引擎	焦点搜索收录 38 万个完全不同地址的中文网站、200 多万个不同的网页和每天 5000 条随时更新的中国及国际新闻,是目前全世界容量最大的中文搜索引擎。

续表

搜狐	搜狐"分类与搜索"已收录网站40多万,已形成庞大的中文网站数据库。搜狐的目录导航式搜索引擎完全是由人工加工而成,相比机器人加工的搜索引擎来讲具有很高的精确性、系统性和科学性。分类专家层层细分类目,组织成庞大的树状类目体系。
网络指南针	与传统搜索引擎不同,网络指南针采用中文信息处理和统计的方法,从网页中选取出具有索引价值的部分进行索引,从而提高了索引效率。由于采用了部分索引策略,该系统对汉语虚词词组、惯用语有较大的屏蔽作用,突出了对人名、机构、地名和专业术语的索引。
茉莉之窗	茉莉之窗是香港特别行政区的一家搜索引擎,由香港中文大学信息工程学系开发,它收集的网页包括大五码(BIG5)和国标码(GB),共有近80万个网页,可以选择英文、中文GB或中文BIG5等不同语言或编码的版本,其特色之处在于可进一步过滤所检索网页的语言编码或域名范围。
搜星	搜星除了搜索引擎外,还可以调用八大搜索引擎广泛搜索,如中文Google、百度、中文雅虎、搜狐、新浪网、中华网和TOM等,其搜索结果可以过滤掉重复的网站,并将结果用同样的格式反馈在同一个页面上。
亦凡搜索	亦凡搜索采用了先进模糊查询技术,支持丰富的先进搜索命令,提供精确搜索、粗略搜索和先进搜索。支持国标(GB2312)和繁体(BIG5)两个版本,支持全文检索。
中华网搜索	中华网搜索是一个面向全球用户的功能强大的网上资源查询系统。中华网搜索引擎收录了全球互联网上数以万计的中英文网站,支持大五码、简体中文、英文和日文网站。数据库中收藏有17万余个网站。
网易搜索	网易搜索最大的特色之一是采用"开放式目录"管理方式,新版搜索引擎在此基础上,更增加了全新搜索技术及广告搜索服务,这一举措将可使用户检索高达16亿条的信息和及时的新闻内容。网易搜索引擎提供多语言检索。

课题 11　日常文档管理

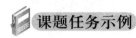

××集团公司正对人事管理制度进行修订,总经理办公会重新拟定了一个《员工奖励办法》。为进一步充实和完善此办法,总经理将秘书小舒叫到办公室,要求她马上写一份通知,发到各分公司和总公司各部门,告知有关事宜。小舒用记事本将总经理的话记录下来,回到自己办公室,立即开始拟写通知。

任务：

1．请思考秘书小舒如何才能做好上司交给的这个发文任务？

2．学会日常发文、收文的操作程序及文档平时归整的技能。

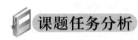

日常文档管理主要包括日常发文处理、日常收文处理和日常文档归整。发文与收文是一个单位实施管理活动必不可少的工作,任何一个环节都马虎不得,秘书人员可能每天都在和文书打交道。文档归整是将在各项工作、活动中形成的具有保存价值的文件材料按照一定的规章制度,进行整理并定期移交档案室或相关负责人员。

这个示例情景中,秘书小舒要根据上司的要求完成一项发文工作。她首先要明确认识到总经理需要的是各分公司和总公司各部门对《员工奖励办法》的反映意见,据此对《员工奖励办法》作进一步的修订补充,使其更科学、规范、合理；然后按照规范的公文格式拟写一份征求意见的通知,按照发文程序及时发送给各分公司和总公司各部门。

 课题任务解决

一、基本知识

（一）日常发文处理

1．草拟

文件的草拟需要注意的内容有：

（1）文件草拟符合国家的法律、法规及其他有关规定,符合本组织的宗旨和原则。

(2)情况确实，观点明确，表述准确，结构严谨，条理清楚，直述不曲，字词规范，标点正确，篇幅力求简短。

(3)文件的文种应当根据行文目的、发文部门的职权和与主送单位或部门的行文关系确定。

(4)拟制紧急文件，应当体现紧急的原因，并根据实际需要确定紧急程度。

(5)人名、地名、数字、引文准确。

(6)结构层次序数标识正确。

(7)使用国家法定计量单位。

(8)文内使用非规范化简称，应当先用全称并注明简称。使用国际组织外文名称或其缩写形式，应当在第一次出现时注明准确的中文译名。

2. 审核

文件的审核指送负责人签发前，应当由办公室进行审核。审核的重点是：是否确需行文，行文方式是否妥当，是否符合行文规则和拟制文件的有关要求，文件格式是否符合本组织文件管理的规定等。

3. 签发

以本部门或单位名义制发的上行文，由主要负责人或主持工作的负责人签发；以本单位名义制发的下行文或平行文，由主要负责人或由主要负责人授权的其他负责人签发。

4. 复核

公文正式印制前，秘书部门应当进行复核。复核的重点是：审批、签发手续是否完备，附件材料是否齐全，格式是否统一、规范等。经复核需要对文稿进行实质性修改的，应当按程序复审。

5. 缮印

缮印是对文件进行誊抄缮写和打字、打印、复印等工作。文件在缮印时应做到：文字准确，字迹工整清晰；符合规定体式，页面美观大方；不随意改动原稿；装订齐整牢固；注意保密。

> **小提示**
>
> 文件的缮印应该以定稿为依据，以签发批准的份数为准，不能随意增减。缮印应当建立登记制度，登记文书名称、送文单位、印文数量、印制时间、印制人姓名等项目。

6. 校对

校对是根据定稿对文件校样进行核对校正。校对的内容主要包括：校订清样上的错字、漏字、多字；规范字体、字号；检查版式、标题是否端正，页码是否连贯，行距、字距是否匀称，版面是否美观；检查引文、人名、地名、数据、计量单位、专业术语是否有误；检查版式是否与文种格式统一，有无需调整和改版之处。

校对时要求把握原则，仔细校对、一丝不苟。对易于忽略或易于出现错误的地方，如数据、计量单位、专业术语等，注意反复仔细校对。校对文稿时正确使用校对符号。校对一般要进行一校、二校、三校3个校次。

> **小提示**
>
> 校对方法主要有4种：看校、对校、读校、折校。4种文书校对方法各有利弊，秘书人员应当根据文书的篇幅、清晰程度、时间缓急、人员情况及个人习惯进行选择，保证文件准确无误。

7. 用印

用印是指在缮印好的文本落款处加盖发文单位印章的工作环节。以单位名义制发公务文书，加盖单位印章；以部门的名义发文，则应当加盖部门印章；如果是以单位领导人名义制发的公务文书，则应当加盖该领导人的职务名章。

8. 登记

发文登记就是对拟发出文件的主要信息进行文字记载的环节。登记的目的是便于对发出文件进行日后的统计、查找和管理。发文登记的内容一般包括发文字号、文件标题、发往机关、签收及清退情况等。

9. 分发

（1）封装。文件的正本印制好以后，要按照发放范围将文件封装。封装前，应当对需封装的文件进行认真清点、核查，对照发文登记簿清点文件份数、页数，并检查附件、印章等有无遗漏，待准确无误后根据发出机关的不同分别封装。封装前还要准确地书写封皮，要字迹工整、地址详细清楚、收文单位名称规范。封装时要认真细致，封口要严密结实。

（2）发送。文件封装后，要尽快发出，及时送达收文单位。现行的文件发送方式有邮政传递、专人传递和机要传递等，发出文件时应当根据需要选用适当的发送方式，并要注意索要和保存回执。

> **小提示**
>
> 在现代办公条件下，传真传递、网上传递等新型文件传递方式也被广泛使用，但要注意文件的保密性和接收回件的保存。

（二）日常收文处理

1. 签收

签收是指文件接收人收到来文后在送件人的文件投递单上签名的工作环节。签收的任务是对外来文件进行检查、清点无误后在送件人的投递单或登记簿上签署收件人姓名和收件日期。

检查环节主要包括检查来文是否应当由本单位接收，检查包装和封口是否牢固、严密等，还要对来文的件数、页数等进行清点，如发现问题，要及时向发文单位查询并采取措施进行妥善处理。对错封、启封等有问题的文件应当拒绝签收。对于确需由本单位接收的文件，收到后还应当进行进一步的核查，以便对文件进行处理。

2. 登记

登记是指秘书人员用文字形式记录收文的具体情况的工作环节。对收文进行登记的目的主要是为便于对文件进行管理，防止文件积压和丢失，有效控制文件的运转，从而更好地发挥文件的效用。同时，对收文进行登记，也能够为文件管理的后续工作，如文件的整理归档及档案的利用工作奠定良好的基础。

收文登记的具体内容是收文的来源、去向、时间、编号、内容和处理情况等。登记的范围应当是重要文件，一般性文件可以不作登记，如公开发表的决定、公报、通告，事务性的介绍信、通知等。

登记可以根据具体情况采用不同的登记方式和登记方法。一般单位目前使用较多的登记方式是簿册登记式，即用预先印制好的收文登记簿进行登记。登记时采用流水的方法对来文进行编号。一般情况下，单位较小、收文量较少的单位用总流水编号法进行登记；单位较大，收文较多且分类较细的单位，多采用分类流水编号法进行登记。

> **小提示**
>
> 分类流水编号法是将单位来文根据某一类特征划分成若干类别并给出类别编号，然后再在统一的类别编号基础上进行流水编号的编号方法，如某单位将本单位来文分成上级来文、下级来文和其他来文等，并分别赋予其类号为1、2、3，上级来文的分类流水号则可依次编为11、12、13等号；下级的来文可依次编为21、22、23等，依此类推。

3. 审核

在收到下级单位上报的需要办理的公务文书时，秘书部门应当进行审核。审核的重点是：是否应当由本单位办理；是否符合行文规则；内容是否符合国家法律法规及其他有关规定；涉及其他部门或地区职权范围的事项是否已协商、会签；

文种使用、公务文书格式是否规范等。对于不符合规定的公务文书，经秘书部门负责人批准后，可以退回呈报单位并说明理由。

4. 分发

分发是文件接收阶段的最后一个环节，也是收文处理程序中一个承上启下的环节，分发的结束即标志着接收阶段的结束，也标志着收文办理阶段的开始。分发是秘书人员按照机构内部业务分工，将经过登记的来文发往领导人阅批或转往有关部门和承办人员处理的工作环节。

在进行文件分发时要注意以下情况的处理：

第一，要根据文件的重要程度确定是否随文件附文件处理单。一般来说，收到的文件有不同来源、不同性质、不同内容的区别，文件的重要程度也因此而有所不同。不是所有的文件都要随附文件处理单。

> **小提示**
> 一般的便函、请柬及一般性的会议通知等都不必附文件处理单。

第二，对于署有领导人亲启的文件，即使是公务文件也应当直接转送领导者个人启封，工作人员不能未经收件人允许私自开启。

第三，对于需要办理而无法确定办理部门的文件，应当送秘书部门负责人进行处理，明确办理部门后再进行办理。

5. 拟办

拟办是指秘书部门按照来文的内容、性质和办理要求，对来文提出初步的处理意见，以供负责人批示后办理的工作环节。对于经审核符合国家规定、需要办理的来文，秘书部门要根据本单位的职权范围、组织机构、业务职能范围及文件内容的要求及时提出拟办意见。拟办意见要有针对性和可行性。拟办人员一般由秘书部门负责人或指定的业务能力较强的秘书人员负责。

对文件进行拟办时要注意以下几个问题：

第一，需要两个以上部门办理的来文，在拟办时应当明确主办部门，以便明确责任，同时便于部门之间相互协作，共同完成工作。

第二，如果是紧急文件，还应当明确办理时限，提高办理效率。

第三，对于难以提出具体拟办意见的文件，拟办人员应当根据文件涉及的内容和文件要求，先与有关部门沟通协调，积极听取相关部门的意见，然后提出切实可行的拟办意见。拟办意见一般填写在文件处理单的"拟办意见"栏内，还应当签署拟办人姓名及拟办日期。

6. 批办

批办是指由负责人对文件及拟办意见审阅后提出的最终处理意见的收文处理

环节。批办要对拟办意见表态，如果不同意拟办意见，应当对文件处理的原则、方法等提出纠正意见，必要时还应当写明处理时限。批办意见应当写在文件处理单的"批办意见"栏内，同时签署批办人姓名和批办日期。

批办环节虽然应当随时由领导人完成，但秘书人员应当对批办环节有所掌握，按文件处理要求对领导人的批办进行监督，以保证文件的批办质量和批办效率，同时，在领导批办完成后，应当及时将文件分送有关部门处理。如果是阅知件，应当在批办结束后对文件进行传阅，传阅人要签署阅知人的姓名和日期。

7. 承办

承办是相关业务部门或文书部门根据批办意见对文件内容所针对的问题进行办理和解决的工作环节。它是公务文书处理的核心和关键环节。对于办理件而言，文件经领导人阅批后，所涉及的问题还没有得到有效的解决，必须将阅批后的文件及时发送有关部门办理，将批办意见落到实处，文件精神得到切实的贯彻执行，只有这样，才能真正实现制发公务文书的根本目的。

承办部门在收到交办的公务文书后应当及时进行办理，不得延误、推诿。紧急公务文书应当按时限要求办理，确有困难的，应当及时予以说明。对不属于本部门职权范围或不宜由本部门办理的，应当及时退回交办部门并说明理由。

文件办理完毕后，具体办理公务文书的人员应当将办理结果填入文件处理单的"办理结果"栏内，签署办理人姓名和办理日期，并简要写明办理方法。对于无须附文件处理单的一般性文件，办理完毕后，秘书人员也应当及时注明文件的处理情况（这一环节也称注办），注明文字可标于文件首页的右上方。

8. 催办

催办是指根据文件的承办时限和内容要求，对文件的承办情况进行督促检查的工作环节。催办的目的是对文件在机关内部的运行进行有效控制，防止文件积压和延误，以保证机关工作效率。在实际工作中，催办贯穿在收文处理过程的始终，从拟办直到承办等各环节，都需要秘书人员对文件的处理进行监督控制，只有这样，才能保证文书处理工作的效率，保证工作质量。

在催办过程中，发现问题应当及时采取有效措施进行处理，保证催办的效率和质量。催办工作结束后，催办人员还要对催办时间、被催办人、简要情况等进行记录。

（三）日常文档归整

1. 编制分类方案

分类方案，就是根据单位工作活动的规律，在研究其工作性质、职权范围、内部组织机构及分工情况的基础上，预测下年度可能形成的文书，按照文件整理的原则，拟制出来的归档文书的类别和条目。具体而言，就是在分类之前，先确定分类的级次，以及每一级采用什么样的分类方法或每一级的主要内容，然后把各个类目的名称一一列举出来，形成一个大纲。

类别的编制大体有三种方法：按保管期限分类、按组织机构分类和按问题分类。在实际工作中，单纯采用一种分类法的情况是比较少见的，通常是选用几个级次，将几种分类法结合起来使用，这种划分方法就叫做复式分类法。常用的复式分类法主要有：

（1）保管期限——年度——组织机构分类法。这种方法是指先按保管期限进行分类，然后在每个保管期限下按年度分类，再在年度下面按机构进行分类。这种方法适用于内部机构虽有变化但不复杂的立档单位。使用这种方法，在档案管理时，不同保管期限的档案分别排架，便于档案移交进馆（室），但每个保管期限应当预留柜架，以备以后档案陆续上架。

（2）保管期限——年度——问题分类法。这种方法是指先按保管期限分类，然后在每个保管期限下面按年度分类，再在年度下面按问题分类。这种方法适用于不宜按机构分类的组织。

> **小提示**
>
> 文件整理分类方案一般应当与本单位档案室的分类相适应，否则，不便于归档后档案室对档案的编制整理。

2. 初步整理

初步整理就是平时整理，即把本单位在一年工作中逐步形成的应当归档的文件整理工作放在平时有计划地进行。也就是说，秘书人员依据文件的分类方案将已经处理完毕的文件材料，以"件"为单位进行装订，并按有关类目随时归整，装入案盒，到年终或第二年年初再严格按归档的要求进行调整。平时整理的目的，就在于把文件整理的基础工作放到日常来做，使平时能有计划地收集文件，分门别类进行管理，为年终的整理归档奠定基础。同时，也便于平时工作的查阅利用。

平时文件整理要注意两点：

（1）及时收集。秘书人员在日常工作中，要养成及时将处理完毕的文件归整的习惯，并应当积极主动地经常催促承办人清退办理完毕的文件。对外发文应当在文件发出时，同时将定稿和一至两份存本归整。收来文件可以结合催办工作，及时清退归整。组织内部使用的文件、会议文件、有关人员外出带回的文件等，要及时进行登记和收集，避免归整文件不全。对承办人清退和借还文件，要建立简便易行的手续，既保证交接手续清楚，又不要繁琐费事。

（2）定期检查。在平时归整过程中，还应当定期进行检查，通过检查熟悉归整的情况，纠正把文件归错类别的现象。如发现有的类别内文件数量已经很多，预计可能还会产生相当数量的文件时，可增添一定数量的档案盒并根据条目编写新号。

3．系统整理

平时归整主要是对本单位在工作活动中不断形成的文件材料所进行的日常管理工作，为归档打下了初步基础。当一年的工作终了，为了便于移交及日后对档案文件的管理和利用，还必须在平时归整的基础上，进一步系统整理与编制目录。文件的系统整理应当按照国家档案局 2000 年 12 月 6 日发布的《归档文件整理规则》进行。

二、模拟演练

根据上述介绍的日常文档管理知识，请同学们帮助任务示例中的秘书小舒完成通知的拟写，并模拟演练整个发文的过程。

 课题强化训练

<训练 1>

一天上午，秘书小王刚上班不久就收到几份文书，她查看了一下，投递单上的件数与收到件数正好相符，就收下来件，在送件人的投递单上签了字。当她进行来件登记时，发现有一份文书的收件人姓名没有见过，询问人力资源部也说没有此人。这时，小王才意识到，自己错收了一份不该收的来件。

请思考：秘书小王在收文处理中的问题。

<训练 2>

2009 年 9 月 12 日，××公司××市分公司总经理秘书小高收到总公司的一份通知，按照规范的收文处理程序进行处理，得知总公司将于本周对××市分公司进行财务工作检查，要求分公司先提交一份自查报告。

假如你是秘书小高，请完成以下任务：

（1）请按照实际情景，完成收文处理，并制作和填写相关表格，如收文登记簿等。

（2）请按照实际情景，完成自查报告的拟写，要求格式规范。

（3）请按照实际情景，完成发文处理，并制作和填写相关表格，如发文登记簿等。

（4）请按照实际情景，完成文档的平时整理，并制作和填写相关表格，如归档文件目录等。

<训练 3>

小马是××公司总经理秘书。一天，小马正在会展中心组织人员布置公司新产品展示会的会场时，接到办公室主任的电话，询问她前几天公司和××公司签订的合同放在哪里了。办公室主任说总经理急着要这份合同,可新来的秘书小张怎么也找不到。小马听了电话后,马上赶回公司,以最快的速度找到合同,并送给了总经理。

请思考:应该如何进行文档的日常管理?

<训练 4>

××公司产品大量出口国外,该公司自创建以来,与外商签订了大量合同,产品销路畅通。在经营过程中,公司始终注意各种文件材料的收集归档和科学管理。公司确定了商务文件归档范围,确定了档案分类方案和信息分类方法,并定期对秘书人员进行档案工作技能培训。公司还建立了各项档案管理制度,使员工的档案工作有章可循。在公司员工的努力下,公司的档案门类齐全,既有供货合同档案、购销合同档案,又有用户档案、经营档案,并对所有档案进行了有规则的整理。公司还专门腾出几间办公用房存储档案,配备了档案密集架以存放档案,在房间中配置了空调、防火设备等保管设施。凡是与公司签约的客户,公司都建有档案,并据此为客户提供经常性、全方位的服务。在产品销售过程中,凡有打算不按合同办事的,公司就及时拿出合同档案,发挥档案的凭证作用,有效地保护了企业的利益,保证了企业的经济效益。

请讨论:××公司在档案管理上的经验有哪些值得我们学习和借鉴?

 课题工具参考

××公司发文稿纸

发文字号	〔 〕号	缓 急		密 级	
签 发:		会 签:			
主办部门		拟稿人		审 核	
打 字		校 对		份 数	
标题:					
附件:					
主送:					
抄送:					
主题词:					
(正文)					

××公司发文登记簿

序号	发出日期	发文字号	文件标题	成文时间	密级	紧急程度	附件	份数	主送单位	抄送单位	签收人	归卷日期	存档号	备注

××公司收文登记簿

收文号	收文日期	来文单位	来文标题	来文字号	密级	缓急	份数	承办单位	签收人	复文字号	归卷日期	存档号	备注

××公司公文处理单

来文机关		来文字号		密　级	
公文标题		份　　数		紧急程度	
拟办意见：					
批办意见：					
处理结果：					
备注：					

归档章式样

（全宗号）	（年度）	（室编件号）
＊（机构或问题）	（保管期限）	（馆编件号）

（图示中"＊"号栏为选择项）

××公司归档文件目录

件号	责任者	文号	文件题名	日期	页数	备注

归档文件目录封面式样

归 档 文 件 目 录

全宗名称_____

年　　度_____

保管期限_____

机　　构_____

（问题）

备考表式样

备 考 表
盒内文件情况说明   整理人： 检查人： 　　　年　月　日

课题 12　上司约会管理

课题任务示例

秘书刘小姐正埋头工作。电话铃响，刘小姐迅速拿起电话。

刘小姐：您好，总经理办公室。

刘小姐：（停顿、待对方回话）您好，刘小姐，请问有什么事吗？

刘小姐：（停顿）郑总想约李总吃饭？星期二？

刘小姐：星期二恐怕不行，周末李总可能会有一些私人的事情要处理。

刘小姐：（停顿）下个星期？请等一下，我看一下我的记事本。（翻开记事本）下个星期一、二安排得很满，星期三到星期五会空一点。要不就约在下个星期，具体时间我们星期五再联系，怎么样？

刘小姐：（停顿，待答复）OK，我等你电话。再见。

任务：

1. 请体会刘小姐安排上司约会的技巧。
2. 学会科学地安排上司日常约会活动。

课题任务分析

为上司安排约会是秘书人员办公室日常事务中的一项常规性的工作。约见工作安排的好坏，关系到上司的工作效率，也关系到公司的公共形象，秘书人员必须认真对待，不可简单应付，不要认为安排约会只是定个时间而已，而是要特别注意把握好约会安排中的细节。

这个示例情景中，秘书刘小姐在和对方的电话约定中，首先保证约会的时间不与李总的既定日程安排冲突，配合李总的工作时间表，尤其对方只是约请李总吃一顿饭，并不是特别重要的事情；其次在和对方商洽时间时，保证留有一定的弹性，不致于因为现在确定太死而万一有其他事情不得不变更时带来麻烦。

课题任务解决

一、基本知识

（一）约会分析

很多时候，与上司有关的约会往往不是一两次，是不是所有的约会秘书人员都要给上司安排呢？肯定不是。如果上司一天到晚都在忙于应对各种约会，显然违背了上司的角色要求。所以,在安排上司的约会活动前,要对约会的性质等作出分析后再予以安排。如果不该约见的,坚决不约,但要说明原因,想办法推辞。

在安排上司的约会时,应该根据约会的重要程度妥善安排:

(1) 重要而紧急的约会,应当安排在最近的时间。

(2) 重要或紧急的约会,但不是既重要又紧急的约会,应当酌留时间稍缓安排。

(3) 不重要也不紧急的约会,或只是礼貌性的拜访,可以适当插入上司的工作空隙中,或取消约见。

> **小提示**
>
> 一般来说,凡是上司安排约见某人,秘书人员就一定要进行安排;但对方要约见上司,就不一定有约必见。

(二) 约会安排

秘书人员为上司安排约会时,不要随便打乱上司的常规工作,注意配合上司的工作规律和生活习惯等,心中要有上司的时间表,心中有数了才能够安排妥当。同时,在时间上一定要留有充分而必要的余地,切不可约会与约会之间间隔时间太紧或太松,如果是外出约见客户,还要留出足够地路上所需时间。

在安排上司约会的具体时间时,要特别注意以下问题:

(1) 尽量不要在上司外出返回的当天安排约会,一则避免因意外原因上司迟归而带来的尴尬,二则上司长途跋涉也需要休息。

(2) 尽量不要在周一上午或周五下午及节假日前后安排约会,因为这些时间上司往往要处理很多挤压的日常事务。

(3) 不要在周末假日或对方休息日安排约会,否则会影响上司及对方的休息。

(4) 尽量不要在临近下班时安排约会,否则可能会影响上司顺利完成当天的工作。

在具体安排约会时,可以使用约会日程表,对约会的具体时间、地点、约见对象名单、参加人员名单等内容简单清楚地予以呈现。

> **小提示**
>
> 约会日程表一般应当给上司一份,给有关科室和司机各一份,秘书人员自己留一份,但只有给上司和秘书人员自己的日程表才允许内容详细,以免泄密。

(三) 约会提醒

安排好约会后,对上司、对方及有关人员进行适时的提醒是非常必要的:

(1) 如果为上司安排了一个外面的约会,在他离开办公室之前,最后打电话再确认一下。

（2）特别重要的约会，在接近约会的时间前，应该与对方再联络，确保约会顺利进行。

（3）安排约会时要向对方说明约会的内容、时间是得到上司同意的。

（4）下班前将第二天的约会事项填进小卡片，一张送交上司，一张交给司机，一张自己保存，以供提醒。

（5）必要时需要电话与信件的相互补充确认。

（四）约会变更

约会变更可能是对方原因，也可能是己方原因。对于己方来说，约会一经确定后，除非万不得已，不应该轻易改变。但有时候确定存在难以预料的变化，导致预约好的约会不得不变更。对于己方的原因而变更约会，秘书人员更应该妥善处理，一是要尽快通知对方，以免耽误了对方的时间和工作；二是要委婉地说明变更的原因，请求对方的谅解，并有必要为变更约会而给对方带来的麻烦表示诚恳的歉意。

> **小提示**
>
> 秘书人员要了解与自己上司有约会的人的姓名、地址和电话，以便万一变更或取消约会时能够及时通知对方。

二、模拟演练

请根据上述介绍的上司约会管理知识，请合理设计任务示例中刘小姐与对方关于李总约会安排的第二次通话的情景，并进行模拟演练。

 课题强化训练

〈训练1〉

有的秘书人员在给上司安排约会时，为了争分夺秒，使上司刚与张先生会谈完，马上又与李先生会谈……

请问：这样安排适合吗？为什么？

〈训练2〉

一天，你的上司想约见 A 公司的广告部的主管 B，就关于新产品的宣传推广问题详谈，于是他请你代他去约请对方。

请问：有哪些事项是你在约请对方时需要注意的？

〈训练3〉

你的上司已经定于今天下午 2：30 约见客户刘先生，你也早已做好了双方的约会安排。不料，今天一上班，你的上司就来电话说，今天临时有个重要的会议要去参加,今天下午与刘先生的约见取消。

请问:此时你该如何处理这件事?

<训练 4>

请模拟演练因己方原因/对方原因而变更上司约会时间时的双方秘书人员的电话情景对话。

课题工具参考

上司约会日程表

年　月　日

约会起止时间	地点	对方人员名单	主要参加人员	备注

约会时间提示表

约会事由	所带资料	随行人员	备注

课题 13　开放参观管理

　课题任务示例

某地一家板鸭店,过去在加工厂门口曾挂着一块牌子:"工厂重地,谢绝参观。"购买板鸭的人想从门缝中看看加工过程,也被工作人员劝走。后来,该店接受一位公关行家的建议,将加工厂门口的那块牌子改写成"加工熟食,欢迎参观。"购买熟食的顾客可以进去参观加工工厂,不仅能看到盐水鸭、板鸭等熟食的制作过程,还可获得商店赠给的一张优惠购物券。许多人参观后兴致勃勃地选购了熟食。该店生意于是由淡转旺,销售量日趋上升。

任务:

1. 请分析这家板鸭店生意由淡转旺的"秘诀"。
2. 学会组织日常的开放参观活动。

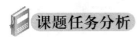　课题任务分析

开放参观是指企业欢迎社会各界人士、社区公众等有组织地到本企业的工作场地观光和考察,借以扩大企业的知名度,提高企业的美誉度,拓展企业的业务,和谐企业和社区的关系,增强企业员工和家属的自豪感等。企业通过开展一些准备有序、接待热情的开放参观活动,会为自身创造良好的社会形象,给公众留下美好而深刻的印象。

这个示例情景中,板鸭店经理曾感慨地说:"我店以前在电视台、电台做了多次广告,花钱不少,但效果不大。这次就换了一块牌子,改了几个字,销售量便大大增加,这是公关宣传和语言艺术的效应。"这说明企业把公众请进来,让事实说话,往往具有极强的说服力。

　课题任务解决

一、基本知识

（一）开放参观活动的准备

1. 选择参观时机

参观活动最好安排在有纪念意义的特殊日子,如企业周年纪念日、重大节假日、开业庆典、社区节日等,这样可以加深参观者和社会公众对企业的印象,获

得更强的活动效果。安排开放参观活动注意最好不要和传统节日相冲突,因为许多传统节日里人们会首选和家人待在一起,这时举办活动不易激发公众兴趣。当然,开放参观活动的时间也不要和企业的其他重要活动相冲突,否则容易顾此失彼,手忙脚乱。

2. 邀请参观对象

一般性的参观活动可以安排员工家属、社会公众代表或一般市民等参加,加强他们对企业的认知和理解,使企业健康稳定发展,同时更好地融洽和社会的关系。

特殊性的参观活动可以邀请与企业关系密切的团体和公众,如政府官员、社会名流、同行的领导专家、客户代表、媒体记者等。他们的身份和地位在社会上和行业内有较大的影响,可以使企业得到更广泛的关注,提高企业的知名度,达到树立形象的目的。

确定邀请对象名单之后,就应当制发请柬,以示对被邀请者的尊重。请柬至少要提前一周发出并要落实回复,以确保请柬准确地送达邀请对象手中,还可以统计好具体人数,以保证活动的后续工作顺利开展。

> **小提示**
>
> 请柬一般选用庄重而不失喜庆的图案、花纹做装饰,内容清楚明白,措词简洁有礼,如果请柬上能配以企业标识、企业地标性建筑的图片等,效果更佳。

3. 落实参观内容

参观的内容应当根据邀请对象的不同,选择适合对方需要并能突出、宣传自己特点的项目,可以分别选择不同的参观内容或综合利用几项内容,以收到开放参观的预期效果。企业开放参观的内容通常有以下三种:

(1)情况介绍。包括口头介绍、书面介绍和影像介绍,不少企业是三者并用,事先准备好图文并茂、印刷精良的宣传手册发给参观者,同时辅之以电影、录像片或幻灯片,再配合口头讲解。

(2)现场观摩。让参观者参观工作现场,如生产经营设备和工艺流程,厂区环境或营业大厅,员工的教育和培训设施等,给人眼见为实的感觉。这种场合一般只配合必要的介绍和解释,更多让实物或员工的实际行动来说明。

(3)实物展览。参观企业的成果展览室,可以陈列资料、模型、样品等实物,能够对参观者起到补充说明的作用。

4. 选定参观路线

参观路线的确定主要从三个方面综合考虑:一是能够引起参观者的兴趣;二是能够保证参观者的安全;三是对组织的正常工作秩序干扰最小。参观路线应当有明确的路标。在参观活动前,需要事先采取安全措施,安全人员应当在必要的地方设置信号和障碍，以防意外发生。

> **小提示**
>
> 秘书人员在组织开放参观活动时，切不可在接待中热情过度，把不该让参观者了解的事情透露出去。如果无意间泄漏了商业秘密，可能给企业带来致命的影响。

5. 培训解说人员

开放参观活动中听取企业人员的解说已经成为必不可少的环节，所以挑选和培训解说人员是准备参观活动的重要工作。一般来讲，让熟悉参观点工作、口齿伶俐、外形端庄的女性做解说人员比较合适。确定好人选之后要进行专门的培训，使之熟悉解说的内容和重点，训练其解说时的身体语言，使解说人员在参观活动当天将最佳状态展示给参观者。解说人员也可以酌情由秘书人员担任。

6. 准备相关物品

（1）纪念品。参观活动中送出的纪念性礼品代表着企业形象，可以帮助企业表达对参观者和公众的敬意。赠送的礼品要突出荣誉性、宣传性和独特性，能代表企业特色。礼品外要有包装，可以印刷企业标识、名称、口号等信息。

（2）特殊物品。企业如果开放特殊环境供人参观，还要准备相应的参观物品，比如参观建筑工地要准备安全帽。如果企业规模庞大、设施分布较广，或是某处不便于参观者进入，也可以事先制作沙盘、地图让参观者观看。

（3）宣传品。一般是印刷精良的宣传手册，以简明生动、深入浅出的语言介绍参观内容，并适当配有一定的图表和数据，做到图文并茂。这些宣传手册可供参观者日后参考，并通过参观者之手转送未能亲自参加参观的人，扩大企业的知名度和美誉度。另外，如果需要播放影像资料等，事先也要准备好。

7. 布置企业环境

（1）布置企业园区。园区是首先映入参观者眼帘的企业的门庭、道路和绿化带等，大门、企业标识、雕塑等要干净，道路园区和绿化带中也不能有杂物和垃圾存在，各种设施能够正常使用。

（2）布置行政办公区域。许多开放参观活动的介绍会谈工作都是在这个区域完成的，行政办公区要布置得功能合理，美观大方，反映出企业的精神面貌。

（3）布置生产厂区。生产重地不仅决定产品质量，也对企业形象产生影响。

（4）布置参观场景。可悬挂欢迎条幅、欢迎语，设立路标等，表示欢迎和敬意。

（二）开放参观活动的接待

1. 热情迎候

参观者到来前，秘书人员应当在大门口迎接参观者，显示主办方的热情、主动,给参观者留下良好的第一印象,同时也能准确了解参观者的人数。参观者到来时,秘书人员应当热情问候,走在参观者的左前方引导,切不可怠慢参观者。

2. 引导参观

在实物参观前,应当将宣传手册发给参观者,便于参观者有针对性地观看。同时,可以放映相关的电影、录像或幻灯片及进行必要的解说,帮助参观者更加详细地了解企业情况。之后由专门的导游或秘书人员陪引参观者沿参观路线进行参观。在重要的实物前,要作一定的停留并作讲解。

▶ 小提示

最好将参观者分为五六人一个小组,这样即使场地嘈杂,也能让参观者看清实物、听清讲解。

在接待的过程中,应当耐心解答参观者提出的各种问题,但要加强保密意识,对涉及企业秘密的问题要随机应变作出巧妙的回答,不该说的绝对不能说,既要做到不泄漏企业机密,又给对方留足面子。

3. 结束参观

在结束参观前,向每位参观者赠送纪念品或礼品。还可以在出口处设置留言簿或意见簿,或在参观后组织参观者座谈,以获取意见。参观活动结束后,应当礼貌地送别参观者。

▶ 小提示

有的企业开放参观活动持续的时间较长,还要考虑做好参观中的餐饮服务。为节省时间,餐饮服务大部分以工作便餐为主,让参观者吃好而又不浪费。

二、模拟演练

假设任务示例中的板鸭店拟于 10 周年店庆之际,开展一次为期两天的较大规模的开放参观活动。根据上述介绍的开放参观管理知识,请为其设计这次开放参观活动。

课题强化训练

<训练 1>

1984 年,长城饭店开业半个月内就组织员工家属来饭店参观并作了精心安排:首先,由饭店总经理及副总经理到场致欢迎辞,介绍饭店情况;然后,由部门经理及各级主管与员工家属见面、交谈;最后,由两名导游带领员工家属按事先计划好的路线和时间进行参观。这次参观活动,使员工家属亲眼看到了饭店豪华的设施、高雅的气氛、一流的服务、严格的要求。参观后,员工家属屡屡向别人谈及此事，无形中起到了扩大影响的作用。同时，更增加了员工的荣誉感和归属感，工作自觉性也提高了。

请分析上面的开放参观活动企业实现了什么目的？

<训练 2>

××时装公司准备在春季换季前组织为期一个月的开放参观活动，本次活动将展出公司多款最新夏季服装，期间还有优惠活动。

请拟订本次开放参观活动的主题和内容。

<训练 3>

请参考有关资料，模拟为××企业开放参观活动制作一份宣传手册，具体内容可以合理虚拟。

<训练 4>

请分组模拟演练××企业开放参观活动的接待情景，具体内容可以合理虚拟。

课题工具参考

××公司来宾参观接待办法

一、总则

1. 为使公司来宾参观接待工作有所遵循，特制定本办法。

2. 本办法适用于公司所有参观接待工作。

3. 公司办公室负责本办法的解释。

二、参观种类

1. 定时参观。先以公文或电话预先约定参观时间与范围。

（1）团体参观。机关团体或社会团体约定来公司参观。

（2）贵宾参观。政府首长、社会名流、新闻媒体、公司领导重要客人、公司重要客户、外宾等经公司允准来公司参观。

（3）普通参观。一般客户或业务有关人员来公司参观。

2. 临时参观。因业务需要临时决定来公司参观。

三、接待方式

1. 团体参观。凡参观人数能在会议室容纳者，均以烟茶招待，否则一律免于招待，至于陪同人员由公司办公室协调有关单位（或科室）人员决定。

2. 贵宾参观。按公司通知以咖啡、糕点、冷饮或其他方式招待，并由公司相关人员（科室领导以上人员）陪同。

3. 普通参观。以茶点招待，由业务单位派员陪同。

4. 临时参观。同普通参观。

四、参观规则

1. 贵宾参观及团体参观。由公司核准并于参观前三日将参观通知单填送各相关部门（科室），作为办理接待的凭证，如事出紧急先以电话通知后补通知单。

2．普通参观。由各部门（科室）主管领导核准，并于参观前一日填送各相关部门（科室），以利于接待，但参观涉及两个部门（科室）以上者，应比照团体参观办理。

3．临时参观。由各部门（科室）主管领导核定，并于参观前一小时以电话通知各相关部门（科室）办理接待，如参观涉及两个部门（科室）以上者，部门（科室）之间应当妥善协调与商议。

4．未经核准的参观人员，一律拒绝参观，擅自率领参观人员参观者，按泄露商业秘密论。

5．参观人员除特准者外，一律拒绝拍照，并由陪同人员委婉说明。

五、接待职责分工

1．接待工作是公司窗口式工作，对于塑造企业良好形象、实现"先卖企业后卖产品"营销策略目标，具有十分重要的意义。各相关部门（科室）及人员必须高度重视且规范操行。

2．接待内容包括迎客引入、询问让座、接待洽谈、参观介绍及招待服务等。分工如下：

（1）保卫科提供安全保障及来客导入。

（2）公司办公室提供一般接待良好环境的保障、参观介绍、信息沟通保障及调度控制、来客记录和来客食宿及内勤保障。

（3）经办部门（科室）负责接待洽谈并陪同始终。

3．公司办公室为公司来宾参观接待的职能管理部门。

六、本办法自发布之日起施行。

××公司开放参观活动方案（示例）

一、活动的主题

扩大公司的知名度，提高美誉度。

二、参观时间

3月6日。

三、参观的内容

1．情况介绍：事先准备好简明生动、印制精美的宣传小册子。

2．现场观摩：让参观者参观现场。

3．实物展览：参观公司的成果展览室；可以陈列资料、模型、样品等实物。

四、邀请参观对象

公司员工家属20人，市民30人。

五、参观地点

厂区、营业大厅、实验中心、成果陈列室、员工娱乐设施等。

六、参观路线

厂区→实验中心→营业大厅→成果陈列室→员工娱乐设施。

七、人员安排

活动由周佳负责组织安排，公关部、行政部、销售部等部门协助。公关部负责宣传策划、接待和陪同，行政部负责导游或解说，销售部负责准备礼品和纪念品。

课题 14 接待事务管理

 课题任务示例

一天,有位客人一上来就说要找经理,虽然约见日程安排中并没有此人的姓名,可新来的前台秘书小李一听他说有急事,就未及深入思考,赶紧带他会见经理。这下可真是闯了不小的祸,原来这位客人是一位上门推销的推销员,而经理当时正在为即将召开的股东大会忙得不可开交,根本没有时间约见他,可他却着着实实缠着经理说上了半个小时,这样一来,经理的工作就给耽搁了。事后,经理狠狠地批评了小李,说她的前台接待工作没做好,对待不速之客,事先没有做好分流工作,随便就安排上司与他们见面,影响了上司的工作。这可难倒了小李:"对待不速之客,事先还要进行分流工作,接待工作怎么这样复杂,我该怎样去甄别这些不速之客呢?"小李陷入苦苦的思索中……

任务:
1. 假如你是秘书小李,你应该怎样接待这位"客人"?
2. 学会正确应对有约接待和无约接待。

 课题任务分析

接待工作是秘书人员一项十分重要的工作。它是指因工作和业务联系的需要,对来访者给予的一种相应的礼遇,以便达到加强联络、扩大对外交往、促进合作、共同发展的目的。作为一名秘书人员,要学会接待各种来访者,同时学会正确处理接待环节的各种突发因素。秘书人员接待事务一般包括日常接待、团体接待和涉外接待三类。

这个示例情景中,秘书人员接待的客人属于日常接待中的无约接待。秘书小李在听说客人有急事要见经理后,就未加辨别而将其引见给了经理,结果耽误了经理半个多小时的时间,所以挨经理的批评也就不在话下了。其实,日常接待看似简单,实则复杂,因为每时每刻都有可能有不同的客人造访,秘书人员既要"照顾"好客人,还要"照顾"好客人要见的"自己人",时刻不可放松。新秘书上岗后更应该迅速进入角色,把握其中的要领。

课题任务解决

一、基本知识

（一）接待工作的类型

1. 按接待的准备程度划分

（1）有约接待。这是指对事先与本单位有约定的来访者的接待。这种接待应该比较正规，在程序上周密布置，在人力、财力、物力上有充分准备，不应该遗忘或出现差错。团体来访一般都是有约来访，个人来访也多是事先约定的。对于预约来访，秘书人员和相关接待人员要做好接待准备，按时接待，不可让客人久等。

（2）无约接待。这是指对与本单位未曾事先约定的临时来访者的接待。由于种种原因来访者没能事先预约，有关人员没有准备，他们可能不能得到及时的会见。但是他们的事情不见得就不重要，所以秘书人员要进行妥善处理。在无约接待中，秘书人员要随机应变，灵活处理，既不失礼貌风度，又不能让无约来访者耽误上司和自己的正常工作。

2. 按来访对象的国别划分

（1）内宾接待。即接待国内的来访者，包括本系统内外的所有个人或集体来访者。内宾接待工作一般由秘书人员或接待人员负责，如果有重要的来访者，本单位有关领导应当出面接待。

（2）外宾接待。即接待境外来访者。外宾接待工作一般由领导者负责，秘书人员协助。如果外宾接待活动频繁，应当配备专职接待人员。如果外宾接待活动不多，可临时向其他部门借调接待人员。

> **小提示**
>
> 接待还可以按来访对象的规模分为个体来访接待和团体来访接待；按来访对象的组织关系分为上级来访者的接待、平级来访者的接待、下级来访接待、群众来访接待等。

（二）日常有约接待的程序

1. 有约接待的基本程序

对待已经预约过的客人，接待的程序如图 14-1 所示。

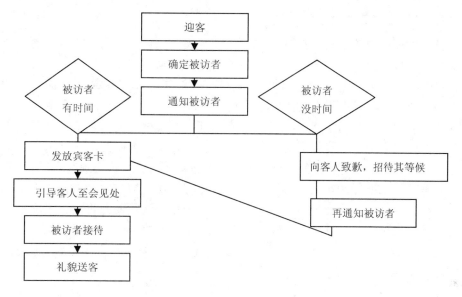

图 14-1　预约接待程序图

> **小提示**
>
> 作为预约接待，被访者一般都会如约接待预约过的客人，但有时也会有意外情况，被访者可能会因为特殊原因如突然有重要会议、重要访客等而没时间接待预约过的客人。

2. 接待环境的布置

（1）环境布置。接待环境应该清洁、整齐、明亮、美观，没有异味。接待环境包括前台、会客室、办公室、走廊、楼梯等处。

前台或会客室摆放花束、绿色植物，表现出"欢迎您"的气氛，会使对方产生好感。对会客室，秘书人员要在预约客人到来之前，打开窗帘，通风换气；打开空调，调节好温度、湿度；将会客室桌椅仔细擦拭干净。

（2）用品准备。一是前厅用品。要为客人准备座椅，让客人站着等候是不恭敬的。座椅样式应该线条简洁、色彩明快，还应当配有茶几。二是会客室用品。墙上可挂与环境谐调的画，或公司领导与有影响力人物的合影，或某次成功的大型公关活动的照片，以提高公司的影响力。桌上可放一些介绍公司情况的材料。另外，茶具、茶叶、饮料要准备齐全。

> **小提示**
>
> 一般客人可以用一次性纸杯，重要客人还是用正规茶具为好。

3. 接待前的工作准备

（1）了解上司的活动安排。预先制作一个表格，记下上司当天所有的约会安排及行踪。每天上班后，秘书人员就应该提醒上司当天有哪些安排，有会见活动则需要提醒他会见时间、地点和对象。这样可以提醒上司不要因为忙而忘了同客人约好的会面，如果有重要客人突然来访或有要紧事时能随时同他联系。

（2）填写公司职员出入登记表。预先设计一个表格，随时记下公司职员出入情况，以便客人来访时能在最短时间内确定被访人员是否在公司。

（3）填写客人预约登记簿。前台秘书人员应该在每天下班之前与各部门沟通，了解并确认第二天预约客人的情况。各部门秘书人员也应该主动把预约者的名册及时送往前台，由前台秘书人员汇总登记。前台秘书人员应当将当天已经预约好的来访者的来访时间、被约人的姓名、所在部门都是先登记好，方便接待来访者。

4. 接待客人

（1）迎接、招待客人。迎接、招待客人要做到"3S"迎客。即见到客人的第一时间，要做到 stand up（站起来）、see（注视对方）、smile（微笑）。然后伴以 15 度鞠躬，上身要以腰为轴前倾，不可驼背或探脖子。鞠躬的时候，眼睛要随着身体的前倾而向下看，不可翻着眼睛看客人。鞠躬的同时不说话，鞠躬礼毕再向客人问候。问候客人的语句规范。秘书人员可以这样说："您好，欢迎您的来访！"、"您好，我能为您做些什么？"、"您好，希望我能帮助您。"不应该说："你有什么事"，或仅仅说"你好"，然后等对方说话。

> **小提示**
>
> 客人到了，秘书人员还坐着做自己的事，对客人不理不睬，不主动迎客的做法是不礼貌的。

（2）引领客人到会客室。引领途中一要注意明确告诉客人将去什么地方、会见何人，如"×经理正在等您，我带您去会客厅，在三楼，我们先乘电梯。"二要注意走在客人左前侧 1~1.5 米左右，与客人步伐一致。在出门、转弯、上下楼梯时，都要用手指示或提醒，如"请小心，楼梯比较滑"。三要边走边回头和客人聊几句，以消除客人的陌生感和紧张，如"今天外边天气还好吧？"、"我们公司还好找吧？"等。

> **小提示**
>
> 坐电梯时，若有电梯工，客人先上先下；若无电梯工，秘书人员先进后下，并按住电梯"开门键"，以免客人被门夹住。

进入会客室一要注意进入前应当敲门,确认无人后再领客人进入。二要注意如会客室的门是向外开,则秘书人员拉开门,请客人先进;如门是向里开的,则秘书人员推开门先进,用手扶住门,再请客人进。这叫做"内开门己先入,外开门客先入"。三是进门后要请客人坐上座,明确示意:"请坐在这里。"并告诉客人:"××经理马上就来,请稍候。"四要为客人端茶倒水。如等候时间较长,还应当续茶。可介绍客人看公司的小册子、期刊、报纸等。

> **小提示**
>
> 在上司与客人谈话时,秘书人员端茶进门要轻轻敲门。上茶时要先给客人上,后给主人上,从职位最高者上起。

(3)恭送客人。办公室秘书人员需要帮助送客。要先提醒客人检查有无东西落下。一般送到电梯前或楼梯口。要帮助客人按电梯的按钮,等客人上电梯后,微笑着向客人挥手告别,等电梯门关上后再离开。如果送到楼梯口,要等客人转过楼梯看不见了再回身。重要的客人要送到大门口,如果客人自己没车,可能要为客人叫出租车。帮助客人打开车门,身份最高的客人要请坐在车的后排靠右的位置。关门后,仍要恭敬站好,向客人挥手告别。要等客人的车开出视野之后,再转身回来。如果刚关上门就转身离开,客人看到会觉得不舒服,以为自己不受欢迎。

> **小提示**
>
> 和上司一起送客时,无论行走站立,都要比上司稍后一两步。在需要开门或按电梯按钮时再赶上前去。

前台秘书人员一般不负责送客,因为有接待者在陪同客人。在接过客人交回宾客卡后,前台秘书人员应该向客人表示感谢:"谢谢您的来访,请慢走。"

4. 完成来访登记表的填写

待客人离开后,秘书人员还需要将来访登记表的信息填补完全,主要是客人离开的时间以及一些备注信息的完善。

5. 整理会客室

客人离开后,秘书人员要及时整理会客室,将会客室中客人用过的杯子、看过的杂志、报纸等重新整理好,将椅子归位,使会客室恢复到整理好的状态,以便迎接下一位客人。

(三)日常无约接待的程序

1. 问明客人来访目的

对于突然来访者,不论是要求拜访上司的客人,还是到公司办理其他事务的人,秘书人员都要先问候客人,并问清来访目的。秘书人员要问清来客的姓名、身份、目的。如果来访者递上名片,来客的姓名、身份就可以从名片判断出来。如果对方不愿意告诉你来意,你一定要让对方明白,这是工作的需要,而不是你刁难他。此时说话一定面带微笑,谨慎耐心。一般来说,善意的来访者很少会拒绝说出来访目的。

> **小提示**
>
> 客人不愿意告诉其来意,你可以这样说:
> - 先生,我希望能尽快解决您的问题,但是您得告诉我您想要解决什么。
> - 先生,了解您的来访目的是我的责任,这样我才能找到合适的人接待您。
> - ×先生,恐怕我不得不告诉上司您要谈的事情,这样我才方便安排您和他的会谈。您能告诉我大致的情况吗?
> - 您能告诉我为什么要见×总吗?这是他希望我弄清楚的第一件事。
> - 如果您不愿现在说出来访原因,我可以理解。您可以给×总来封密函,跟他说说您想见他的理由,我相信他会很高兴与您会面的。

2. 立即与当事人联系

如客人点名要与某某会谈,就应当立即与当事人联系。但是,在联系好之前,不应当给客人以肯定的答复,因为当事人有可能不在,也有可能不愿见这位客人。秘书人员不要当客人面就给当事人打电话,免得当事人拒绝接见时不好找借口。要使客人与自己保持一定的距离,听不清自己与当事人的通话。可请对方稍候,秘书人员进去与上司商量,然后根据当时情况迅速做出应对;或请客人先坐下等候,再拨打电话与里面相关的人商量。

3. 酌情做出适当处理

根据客人的情况和上司或相关人员的意见,一般的处理方法有以下几种,见表 14-1。

表 14-1 未预约客人的处理方法

客人	秘书人员	上司或相关者	秘书人员处理办法
要求见某部门负责人	通知上司或相关者	同意马上见	安排接待
		同意晚些时候见	安排客人等候或作预约
		让他人代理	向客人讲清情况,安排他人接待
		不愿意接待或没时间	建议他人代理或找借口婉拒
	无法通知上司	不在单位或联络不上	记录客人姓名、要求、联络方法,日后答复
有问题但不明确找何人办理	根据情况通知相关者或婉拒		安排接待或记录客人姓名要求、联络方式、做预约

4. 巧妙回绝来访者

如果上司表示不愿接见，秘书人员应当向客人表示上司不在，而不能直说上司不愿接见。此时，应当请客人留下名片，并表示上司回来时会"告知"他的"来访"，切不可说上司回来时会回电，给对方造成不必要的期待。

> **小提示**
>
> 当秘书人员确定上司不想见来访者时，可以这样回答来访者："希望我能多给您一些帮助，但××（上司）现在有急事，可能需要一段时间，您最好与他进行书信联系。"

如何回绝来访者，要根据具体情况而定：

（1）对于请求赞助的来访者，秘书人员可以做如下答复："我们公司每年都有不少团体要求捐款，××（上司）很乐意做这些事，可是公司的捐助预算有一定的金额，不能超过，您能否把您的资料留下，我想上司很乐意在下一年度捐款预算中将贵团体列入考虑。"

（2）如果秘书人员发现来访者的事情应该找公司的其他人交涉，应该这样答复："这件事应该由×先生处理，我很乐意为您安排约会。如果他现在不忙，我相信他会很高兴马上见您。"如果来访者同意，秘书人员应该给×先生打电话解释，然后告诉来访者相应的安排，比如说："×先生今天不能见您，他想问您明天上午9点是否能来？"

（3）如果来访者赖着不走，秘书人员应该不失礼貌地说出对方必须离开的理由，态度要明确坚定，这样才能打消对方任何侥幸的念头。来访者滞留不去通常有这样几种情况，一是原本已计划好，突然发生变化，一时还无所适从；二是暂时无处可去；三是铁了心等候，以求了结心愿；四是说不出任何理由，就是想坐一会儿；五是别有用心。秘书人员必须分清不同的状况给予相应的处理。即使确认对方是无理取闹，不到迫不得已不要惊动上司或保安。

（四）团体接待计划的主要内容

1. 接待规格

即确定本次接待应当由哪位高层管理者出面（即主要陪同者）、其他陪同者、住宿、用车、餐饮的规格等。秘书人员必须根据来访者的身份确定接待规格。接待规格是从主陪人的角度而言的，有高规格接待、对等接待和低规格接待三种。

秘书人员首先要了解客人的身份和来访目的，据此确定由谁来出面接待最合适。对来访主宾的身份情况应从职务、地位、履历等多方面进行了解，对重要的来访者，还可以从兴趣爱好等方面作深入了解，以便接待规格恰到好处。对于不熟悉的来访者应通过其上级或其他途径核实准确。

影响到接待规格的还有如下一些因素：第一，对方与我方的关系；第二，一些突然的变化；第三，以前曾经的接待标准。

当接待规格定下来以后，秘书人员应当把己方主要陪同人员的姓名、身份以及日程安排告知对方，征求对方意见，得到对方认可。

> **小提示**
>
> 接待规格的最终决定权是在上司那里，秘书人员仅提供参考意见。

2. 日程安排

包括来访的起止时间、每天的活动内容等。日程安排要具体，包括日期、时间、活动内容、地点、陪同人员等内容，一般以表格的形式列出。

3. 经费预算

根据接待规格、人员数量、活动内容做出接待费用的预算。接待经费包括：

（1）工作经费。包括租借会议室、打印资料等费用；

（2）住宿费；

（3）餐饮费；

（4）劳务费，包括讲课、演讲、加班等费用；

（5）交通费；

（6）参观、游览、娱乐费用等；

（7）礼品费；

（8）宣传、公关费用；

（9）其他费用。

> **小提示**
>
> 有时，客人的住宿费、交通费等由客人一方支付，就要把所需费用数目与日程安排表一起提前寄给对方。

4. 工作人员

根据接待规格和活动内容确定工作人员的构成和数量。这些工作人员要做来访前的准备工作、来访期间的联络沟通、协调服务等。在接待计划中，要确定各个接待环节的工作人员，为了使大家对自己的工作心中有数，让所有有关人员都准确地知道自己在此次接待活动中的任务，提前安排好自己的时间，保证接待工作顺利进行，可制定相应的表格，印发各有关人员。

（五）制定团体接待计划的程序

1. 了解背景资料

（1）了解来访目的。秘书人员必须准确了解来访团体的来访目的，这样做出的计划和准备工作才有针对性。一般秘书人员应该向上司或有关人员了解情况，取得准确信息。

（2）了解来访者的基本情况。为了使接待工作万无一失，秘书人员要事先掌握来访者的基本情况，如所在单位的全称、业务范围、发展态势、来访者人数、姓名、性别、身份、民族（国籍）、宗教信仰；有时还要对主宾有更多的了解，如个人爱好、性格、特长等。了解得越多、越具体，准备工作就越有针对性，接待成功的把握就越大。这些内容很多可以直接向来访者方了解。

2. 草拟接待计划

在与来访方协商并征得上司的同意后，制定出详细的接待计划。接待规格决定了其他的人员、日程安排及经费开支，包括谁到机场、车站迎接、送别，谁全程陪同；宴请的规格、地点；住宿宾馆的等级、房间标准等。这些都要在计划中写清楚。在具体制定接待计划时，一般应当有如下内容，根据具体情况再添加或删减。

（1）主要陪同人员。

（2）主要工作人员（接待小组成员）。

（3）住宿地点、标准、房间数量。

（4）宴请地点、标准、人数。

（5）会见、会谈地点、参与人员。

（6）参观游览地点、陪同人员。

3. 与相关部门沟通情况

接待计划涉及本单位哪个部门，秘书人员要事先与之商量沟通，商定接待的时间、涉及内容、地点、人员等事项。

4. 与来访者沟通情况

日程安排初步定好后，要报给来访方，看还有什么要修改的，一般要尊重来访方的意见。对于实在难以办到的要求，要如实向对方解释清楚。

5. 报请上司审批

接待计划是由秘书人员草拟的，但一定要经由上司审定批准才行。经双方认可并经上司批准的接待计划一般就不应该再改动了。

（六）涉外迎送仪式的要求

1. 发出邀请

通常由东道国先发出邀请，这既是礼节，也是一项必要的手续。邀请一般采用书面形式，除表示欢迎之意外，也表明被邀请者的身份、访问性质以及访问的日期与时间等内容。有时，为表示客气，也可请被邀请者在他认为"方便的时候"

来访,或将时间留待以后"另行商定"。

实际上,访问也不一定都是由东道国一方首先提出,在有些情况下,是双方协商的结果。有的访问安排是由有关的协议事先约定;有的是当面口头邀请在先,然后再补送书面邀请函件;有的是通过外交途径商定访问事宜;也有的是来访者有访问的愿望,主动向东道国做出某种表示,经双方磋商同意,然后再作正式安排;还有一种是以"回访"方式进行的。

> **小提示**
>
> 在正式对外方发出邀请前,必须先明确邀请的规格,以便兼顾来宾的具体身份与来访的目的,在一般情况下讲究规格对等。规格对等的含义是在涉外邀请时,我方出面进行邀请的人士的职务、地位、身份应当大体上与被邀请者的职务、地位、身份相当。

2. 准备工作

(1) 搞清楚来访外宾或代表团的基本情况。例如,来访外宾的总人数,是否包括主宾的配偶,来访人员的职务、性别、礼宾次序等情况,这些均可请对方事先提供。另外,较高层次的商务访问随行的还有记者等。以上这些都应当事先了解清楚,以便做好相应的接待准备。

(2) 外宾的饮食爱好、宗教禁忌以及是否有其他特殊的生活习惯等也可事先向对方探询,必要时还可向对方索要来访者的血型资料。

(3) 拟订来宾访问日程。应当向对方了解清楚抵离的日期和时间、交通工具和路线、对参观访问的具体愿望等。访问日程一般由东道国提出,日程草案拟订后,可先将主要内容告知对方,以便听取对方意见,并使对方有所准备。

(4) 安排食宿。要根据上述了解到的情况做好安排。在商务活动中,很多公司在一些国家的大城市都有固定的住宿宾馆,不需接待方安排,这就比较省事。如果不是这样,就要根据对方的身份或要求进行安排。

3. 善始善终

在外宾抵达时,由适当的人员前往机场、车站迎接,表示欢迎,并妥善安排各项礼仪程序和活动。这是外宾进入国门后的第一项正式活动,各国对此都十分重视。在外宾结束访问离开时,则要给予热情欢送,使访问得以圆满结束。在外宾进行访问期间,还可能到国内各个城市参观访问,也都要有迎有送。所以,迎送不仅是一般的迎来送往,而是对外交往中一项重要的礼仪活动。

(七) 涉外迎送仪式的程序

1. 确定迎候人员

本着身份对等的原则,参加涉外迎送仪式的有与主宾身份相当的主人以及随从人员，还要有翻译。

2. 准备迎宾的物品

如果双方互不相识，则需要准备一块牌子，上书来访团体的名称或主宾的名字，用对方能看得懂的文字，书写工整。如果决定献花，一定要用鲜花，不可以用黄白两色的菊花或百合花。献花人应当为年轻的女性。要按照来访团体的人数和主宾的身份决定接客人的车辆。

3. 见面讲究礼节

双方见面以后，主人方的秘书人员先把自己这方的主要人员介绍给主宾，然后由主宾或他的秘书把客人方的主要成员介绍给东道主。双方握手互致敬意。有的国家来宾习惯先行拥抱礼、合十礼、鞠躬礼等，我方均应做出相应表示，不可表现出勉强。献花人献上鲜花，然后主人马上引领客人上车。秘书人员要注意关照客人的行李，提醒客人检查行李，不要遗忘。如果出现客人的行李丢失问题，秘书人员或其他随从人员应该留下来向航空公司方面交涉，而让客人先行。

4. 送行前的拜访

在拜访前秘书人员应该打电话给对方的秘书人员，告知将去拜访的时间和主要人员的身份，提醒其做好准备。虽然这个环节在作计划时已经列上，但是提醒和确认也是必要的。

5. 安排送行仪式

客人如果是乘坐飞机，特别是国际航班，一定要至少提前 3 个小时出发，因为路上可能遇到交通拥堵，办理登机手续和安全检查都需要不少时间。所以送行人员一定不能迟到。

主陪人可以在客人下榻的宾馆与客人道别，而由副职代替到机场或火车站送行。当然，主陪人如果一直把客人送到机场或车站，则表现出更为重视双方的关系。

> **小提示**
>
> 同外宾告别后，要等他们走出我们的视线之外或火车、轮船开起来以后再离开。

链　接

礼宾次序的排列方法

在商务交往的具体实践中，礼宾次序共有 5 种常见的排列方法：

（1）依照来宾所在国家或地区的名称的拉丁字母的先后来排列其次序。在举行大型的国际会议或体育比赛时，通常可以采用此种排列方法。

（2）依照来宾的具体身份与职务的高低来排列其次序。在正式的政务、商务、科技、学术、军事交往中，均可采用此种方法。若外国来宾系组团前来，则应按照团长的具体地位来排列其先后次序。

（3）依照来宾抵达现场的具体时间早晚来排列其先后次序。如当各国大使同时参加派驻国的某项活动时，一般均以其到任的具体时间的早晚来排定其礼宾序列。在非正式的涉外活动中，亦可采用此种排列方法。

（4）依照来宾告知东道主自己决定到访的具体时间的先后来排列其次序。举办较大规模的国际性的招商会、展示会、博览会时，大都可以采用这一排列方法。

（5）不排列。所谓不排列，其实也是一种特殊的排列方法。当上述几种方法难以应用之时，便可采用这种排列方法。

在礼宾实践中，上述5种方法可以交叉采用。一般的习惯是：首先按照来宾的身份、职务的高低排列；身份相同者，再按国家、地区名称的拉丁字母顺序排列；名称的第一个字母相同者，再按某种时间顺序排列。

二、模拟演练

根据上述介绍的接待事务管理知识，请同学们讨论分析任务示例中的秘书小李应该如何正确接待这位"客人"，然后分角色扮演，进行模拟演练。

课题强化训练

<训练1>

一天上午，秘书小孟正在整理来访记录，来了两位和总经理预约好的客人，小孟赶忙热情接待客人并引领客人到总经理办公室。

请按照实际情况模拟演练秘书小孟接待两位客人过程。

<训练2>

这天上午十点左右，××公司秘书小孟正在前台值班，进来一位中年客人。他事先没有约定，一来就声称是经理的朋友，坚持要见经理，小孟请教他的大名，却又不愿通报姓名，不愿说出求见理由，也不肯离去。

请讨论分析秘书小孟应该怎么处理这件事？

<训练3>

请根据实例画出会客室内主客座次示意图。

<训练4>

××电器公司是××公司的业务合作伙伴。双方拟就一个新产品开发的项目进行合作，为此××电器公司一行10人要来××公司进行为期两天的考察访问。考察团成员包括总经理1人，副总经理2人，业务部门主管、业务员共计7人，

考察内容为与海天公司的合作前景问题,洽谈双方合作的具体细节。××公司总经理要求秘书小孟制定一份详细的接待计划。

假如你是秘书小孟,请制定这份接待计划。

<训练 5>

××公司正在与英国××电子公司进行合作事宜的洽谈,麦克先生是英方商务代表。12 月 17 日,麦克先生一行四人将到××公司进行考察,如果双方能达成共识,则会成为合作伙伴,扩大公司的海外市场。所以总经理对麦克先生的此次来访十分重视,责成秘书小张安排接待中的迎送仪式。

请按照实际情况模拟演练这次涉外接待的迎送仪式。

<训练 6>

一个重要的国外的合作公司将于 6 月 12 日要到××公司参观考察,王总经理让秘书小孟负责此次接待考察团的工作。小孟非常认真地做好了各项准备工作。到了 6 月 12 日,小孟兰带领相关人员早早赶到机场等着客人的到来。由于对方是第一次来××公司考察,双方互不相识,小孟应该事先准备好一块牌子,写好来访公司的名称。可是由于没有经验,小孟忽略了这件事。到了机场大家才想起来,谁也没有带合适的纸。此时客人所乘的飞机已经抵达,机上乘客有的已经出关了。情急之下,小孟想到了广播室。她马上跑到机场广播室请求帮助,通过广播通知客人他们所处的位置。这样主客双方才接上了头。

请分析讨论这个案例给我们做好接待工作带来了哪些启示。

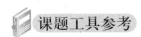

课题工具参考

××公司前台岗位职责

1．负责进入公司办公场所的所有来客的招呼、接待、登记、导引,对无关人员、上门推销和无理取闹者,应挡在外或协助保安人员处理。

2．负责公司邮件的收取、分发工作。

3．负责公司电话小总机的接线工作。对来往电话拨接准确及时、声音清晰、态度和蔼,恰当使用礼貌用语;对未能联络上的记录在案并及时转告;对紧急电话设法接通,未通者速报行政部领导处理。

4．定期维护、保养话机,并保持前台环境清洁、安静。

5．协助打字员、文秘兼做部分计算机打字、复印等行政工作。

6．完成行政部部长临时交办的其他任务。

××公司客人预约登记簿

日　期	时　间	人员/部门	来访者
.			

××公司来访人员登记表

姓　　名		性　别		国　籍	
工作单位		职务、职称			
电　　话		传　　真			
E-mail					
来访时间：	年　　月　　日　　时				
来访目的：					
随行人员：	姓　名		性　别		国　籍
主请人姓名		部　　门			
联系电话		E-mail			
备　　注					

课题 15　差旅事务管理

  课题任务示例

××办公设备制造公司刘总下星期一要到广州出差。星期一 12：00，刘总要与广州经销商李先生在××大酒店进行午餐聚会，15：00 将在文具制造商高先生公司所在地××大厦四楼会见高先生。星期二 9：00，刘总要和××电子有限公司的王总见面，商讨合作事宜，下午还要到公司驻广州办事处检查工作，预计于 17：00 离开广州返回北京。刘总要在广州度过一个晚上，住在一个至少四星级的宾馆。

任务：
1. 假如你是刘总的秘书，请为他安排这次差旅事务。
2. 学会差旅订票、订房、预支经费、制订旅行计划等事务。

  课题任务分析

上司为了洽谈业务、参观访问、出席会议、签订合同、实地考察等，经常需要到异地出差旅行。秘书人员安排上司的差旅事宜，特别是出差前的一系列准备工作，就成了一项重要的日常事务。

这个示例情景中，作为秘书人员为刘总安排这次差旅事务，就要熟悉为上司安排差旅事务的基本内容和方法，包括如何选择交通工具，如何订票，如何订房，如何预支差旅费用，如何准备相关物品，如何制订旅行计划等，这样才能保证刘总这次出差的顺利。

  课题任务解决

一、基本知识

（一）选择交通工具

上司一旦决定出差，秘书人员为上司安排差旅事务，首先要选择交通工具，是乘坐火车、汽车，还是乘坐飞机、轮船。不同的交通工具有其各自的优缺点，秘书人员为上司选择差旅交通工具时要综合考虑这样几个因素：为何出差、到哪出差、何时出差、何人随行、差旅费用、单位规定、个人喜好等。

（二）订票

秘书人员订票通常可以采用电话方式，通过订票中心订票，但最好用书信或传真的形式发送，既可以做到有凭有据，又可以避免遗忘。预订车票要详细告知对方出发地点、到达地点、出发日期、具体车次、座位要求等；预订机票要详细告知对方乘机日期、具体航班次、座位要求、目的地、乘机人姓名及身份证号码等。订票后不管是自行取票还是对方送票上门，秘书人员都要认真核对票面上各项信息是否准确无误，如姓名（机票）、日期、车次或班次、座位、到达地点等。

（三）订房

1. 确定宾馆档次

预订什么等级或档次的宾馆和房间，秘书人员一是要清楚单位的相关规定，二是要了解上司的习惯，三是兼顾业务的重要程度。预订之前要征求上司的意见再做决定。

2. 获取宾馆信息

秘书人员获取目的地宾馆信息，可以通过查找旅行手册、打电话、咨询旅行社、上网检索等方式。

3. 进行预订

秘书人员预订宾馆和房间，可以通过旅行社、网络、800免费电话等途径。如果单位与要预订的宾馆有经常的业务往来，秘书人员可以直接通过电话等方式与宾馆联系。

预订时秘书人员要提供住宿者的姓名、性别、抵达时间、大概离开时间、房间的类型与特殊要求等。预订房间要根据上司的要求，考虑楼层、朝向、设施等因素。房间尽量不在一楼，不临街，有足够的安全保障等。

> **小提示**
>
> 如果预订需要有保证或确定，秘书人员要事先声明，以便宾馆保留房间。如果要取消预订，必须在宾馆结账时间前通知对方，否则当晚就要收费。因此预订时要询问好宾馆的结账时间并告知上司。

4. 确认预订

当预订房间后，秘书人员一定要拿到宾馆确认预定的传真或其他书面形式的证明，并将其附在旅行计划或日程表后面，这样才会使上司到达后的住宿有保障。

（四）预支差旅费用

差旅费一般包括往返当地的交通费、住宿费、餐费及其他可能发生的活动经费。事先要明确哪些费用由接待方出，哪些费用需要己方付，这样才能够计划好带多少钱、采取什么形式等。

秘书人员预支差旅费首先填写申请表，经批准后再提取预支的费用。差旅费的携带方式有现金、旅行支票、信用卡等。到经济发达的大城市，可以少带现金，使用信用卡和支票更安全方便。

（五）准备出差用品

1. 商务活动文件资料

一般包括谈判提纲、合同草案、协议书、演讲稿、有关讨论问题的信件、备忘录、日程表、科技和产品资料、公司简介、对方公司相关资料等。商务活动文件资料需要秘书人员准备。

2. 差旅相关资料

一般包括目的地交通图、旅行指南、请柬、介绍信、通讯录（地址、电话、传真）、对方的向导信函、日历、世界各地时间表等。差旅相关资料需要秘书人员准备。

3. 办公用品

一般包括笔记本电脑、光盘或磁盘、微型录音机及磁带、照相/摄像机、文件夹、笔、笔记本、公司信封及信纸、邮票、手机、名片、现金、支票等。办公用品需要秘书人员和上司准备。

4. 个人物品

一般包括护照、签证、身份证、信用卡、替换衣物、洗漱用品、急救药品、旅行箱、车（船、机）票等。个人物品需要秘书人员和上司准备。

▶ 小提示

临行前，秘书人员可以将出差用品按类列出一个清单，请上司过目，以免遗漏。

（六）拟订旅行计划

1. 旅行计划的编制方法

旅行计划是上司差旅全过程的一个计划，编制前要对单位的差旅费用、交通、食宿等级标准范围的有关规定及程序清楚明了。编制时按时间顺序编排，做到简单明了。要将时间的浪费降至最低，同时还要考虑上司的身体状况，时间上留有余地。可以多编制几个旅行方案，供上司参考和选择。旅行计划通常用表格形式表现。旅行计划制订完后，要向上司报告，依其指示决定旅程。

> **小提示**
>
> 旅行计划制订好后，秘书人员要复制三份（或几份），一份给上司，一份存档，一份自己保留。

2. 旅行计划的基本内容

一份旅行计划至少应当包括：

（1）出差的时间、启程及返回日期，按站安排；

（2）出差的路线、终点及途经地点和住宿安排；

（3）会晤计划（人员、地点、日期和时间）；

（4）交通工具的选择：飞机、火车、大巴或轿车。要列明飞机客舱种类及停留地的交通安排；

（5）需要携带的文件、合同、样品及其他资料：如谈判合同、协议书、科技或产品资料、演讲稿和与会国的指南等；

（6）上司或接待人的特别要求；

（7）上司旅行区域的天气状况；

（8）行程安排，约会、会议计划，会晤人员的名单背景，会晤主题；

（9）差旅费用：现金、兑换外币、办理旅行支票。

3. 旅行日程表的编制方法

旅行日程表的内容一般比旅行计划更详尽。日程表的制订实际上一般是出访方与接待方双方商议之后，由接待方拟订经出访方认可后定下来的。出访方秘书人员可以据此制订己方的日程表，并可以添加一些更具体的内容。安排日程时，在时间上要留有余地，一般以表格形式表现。

> **小提示**
>
> 日程表应当一式三份（或几份），一份存档，一份给上司及家属，一份秘书人员留存。

4. 旅行日程表的基本内容

一份周密的旅行日程表主要包括：

（1）日期。指某月、某日、星期几。

（2）时间。出发及返回的时间，包括目的地的抵离时间和中转时间，开展各项活动的时间，就餐、休息的时间等。

（3）地点。上司本次出差的目的地（包括中转地点），旅行过程中开展各项活动的地点，食宿地点等。

（4）交通工具。出发、返回时使用的交通工具，停留地的交通安排等。

（5）具体事项。商务活动，如访问、洽谈、会议、宴请娱乐活动以及私人事务活动等。

（6）备注。记载提醒上司注意的事项，如抵达目的地需要中转的中转站或中转机场、休息时间、飞机起飞时间，以及某国家为旅客提供的特殊服务，在当地需要注意的一些风俗习惯和礼仪等。

二、模拟演练

根据上述介绍的差旅事务管理知识，请为任务示例中的刘总模拟制订一份详尽的旅行日程表。

 课题强化训练

<训练1>

阅读下面的案例，感知秘书如何为上司准备差旅事宜？

总经理出差前夕，作为总经理的秘书，我会组织一组人员共同支持总经理，我把它戏称为"出差特工队"。虽然旅行计划表早就印刷完成，但我按例挑灯夜战、通宵达旦。首先是文件类：卷宗几本、合约书、文件、旅程表、会议议程，这些是最重要的也是最费时间的。接着是例行性工作：礼物、相机、胶卷、名片、名片簿、机票、护照、照片、现金（不同币别），这些是最琐碎却又少不了的。然后是总经理私人要准备的。最后则要打包的功夫，样样马虎不得，只为让总经理出差顺利、成功，为公司创造更好的业绩。

而我按例是会担心的，担心出差资料做不完、担心赶不上飞机、担心司机睡过头、担心高速公路大塞车、担心合作伙伴，总之就是担心。终于一切打点妥当，出发上高速公路（当然我也会在车上），则要分秒必争……

<训练2>

公司高副总本周五要到上海与经销商王××在国际大酒店12：30午餐聚会，当天晚上7：00要参加杭州的西湖博览会开幕式。

请查阅适用的火车时刻表，为高副总安排行程。

<训练3>

请分组模拟演练通过电话与××票务中心订票的过程。

<训练4>

请分组模拟演练通过电话直接与××市××宾馆预订房间的过程。

<训练5>

请讨论分析网络为你的差旅准备能够提供哪些帮助？

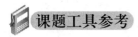

<训练6>

请讨论上司出差回来后秘书人员如何为上司报销差旅费?

课题工具参考

××总经理旅行计划(示例)

日期	具体时间	交通工具	地点	事项	备注
4月6日 (星期一)	8:50~11:20	民航班机	北京	出发到广州	
	12:00~14:30		广州	与李先生在××大酒店午餐聚会	
	15:00~17:00		广州	在××大厦四楼与张先生会谈	
	18:00~		广州	晚餐住宿在××酒店	
4月7日 (星期二)	8:30~11:30		广州	与××电子有限公司的王总会谈	
	14:00~15:30		广州	到公司驻广州办事处检查工作	
	17:00~19:30	民航班机	北京	从广州返回北京	

××总经理行程(示例)

北京—广州　　2009年4月6日~7日	
时间	活动内容
4月6日(星期一)	
8:50	搭乘3K-151次航班离开北京去广州
11:20	到达广州(公司驻广州办事处李小姐接机),入住××酒店426房
12:00	与李先生在××大酒店午餐聚会
15:00	在××大厦四楼与张先生会谈
18:00	晚餐、住宿在××酒店
4月7日(星期二)	
8:30	与××电子有限公司的王总会谈
12:00	与王总共进午餐
14:00	在公司驻广州办事处检查工作
17:00	搭乘2U-343次航班返回北京
19:30	抵达北京(公司秘书蔡小姐接机)

××公司预支差旅费申请单

编号：

姓　　名		拟搭乘交通工具种类	
出差地点与事由			
拟出差日期			
拟借支金额	人民币(大写)　　千　百　拾　元整	申请人签章	

××公司出差旅费清单

姓　　名			部　　门			职　　务			预支旅费签收
出差事由									
月	日	起止地点	交通费			住宿费	伙食费	其他	执行任务简况
			飞机	汽车	火车				
									签收人：
合计									

总经理：　　　·分公司主管：　　　财务部：　　　部门主管：　　　出差人：

课题 16 宴请事务管理

 课题任务示例

××公司经理就下一步合作事宜宴请合作伙伴××××公司领导一行 6 人，主宾双方共 11 人。经理将整个宴请事务交由秘书小张安排。由于小张的疏忽，接待名单中漏掉了××××公司刘副总经理，结果导致刘副总经理在宴席上找不到自己的席位……

任务：
1. 假如你是秘书小张，此时你会怎么办？
2. 学会处理宴请各个环节的事务及细节。

 课题任务分析

宴请是迎来送往常见的礼仪形式，通过宴请，联络感情，沟通信息。公务宴请往往是组织为达成特定的组织目的而安排的，是公务交往中常见的一种礼仪活动。组织或随从上司参加宴请是秘书人员日常工作的重要内容，秘书人员应该懂得相关的程序要求及礼仪规范，善于筹备、安排宴请活动。

这个示例情景中，由于秘书小张的疏忽而在接待名单中漏掉了对方公司的一位副总经理，所以宴请坐席上没有对方的位置，而且这次宴请的目的是为了双方的进一步合作，一个看似很小的失误可能带来不可想象的后果。这个教训是深刻的，秘书人员在安排宴请事务时除了熟悉相关流程外，更需要认真对待每一个细节。

 课题任务解决

一、基本知识

（一）宴请的主要形式

1. 宴会

宴会是相对正式的宴请活动，按照规格可进一步划分为国宴、晚宴、午宴、便宴和家宴。国宴是最高规格的公务宴请活动，是国家元首或政府首脑为国家庆典或有外国元首、政府首脑到访时所举行的宴会。在其他宴会形式中，又以晚宴最为严肃，规格也更高。

2. 酒会

酒会是一种不备正餐的宴请形式，又称鸡尾酒会。这种宴请形式以酒水为主，略备简餐。食物可以包括冷盘、水果和点心等。酒会一般不设坐席，或仅设少量坐席，宾主可以随意走动。适宜双方自由地接触、交谈，气氛较为活跃。

3. 工作餐

工作餐是一种以谈论工作为目的的宴请形式，一般是在日程紧张、不便安排正式宴请活动时采用，宾主双方可以利用进餐时间边吃边谈工作，与餐人员一般都与某一特定工作或事件有直接关系。工作餐一般安排长桌，通常以快餐分食形式进行，也可以安排自助餐的形式。

（二）宴请的准备工作

1. 确定规格形式

宴请的规格和形式根据以下几个因素确定：宴请的目的、被邀请主宾的职务和身份、宴请对象的风俗习惯、本单位的招待经费情况。

2. 拟定客人名单

在举办宴会时，首先应当考虑邀请哪些人。凡为了某件事而举办的宴会，一般要求与此事有关的方方面面的人都要邀请，不能有所遗漏。但是，在遴选客人时，要尽量避免邀请与主宾有矛盾，或平日有积怨者同时赴宴，以免双方在宴会上产生尴尬或发生冲突。

> **小提示**
>
> 一般来说，举办正式的宴会时，应当邀请客人携配偶参加。

3. 确定宴请时间

确定宴请时间，首先要考虑主宾双方合适和方便，有时还要选择有特定意义的时间，如与某重大事件有关的纪念日等，但春节、元旦、中秋节等传统重大节日或圣诞节是典型的私人时间，不宜安排公务宴请活动；其次，还要考虑宴会的性质和形式，正式宴会多在晚上进行，便宴则可以安排在其他时间；此外，宴请外宾和有特殊风俗习惯的宾客，还要顾及禁忌的日子和方式。

4. 确定宴请地点

一般来讲，确定宴请地点，首先要考虑宴请规格、餐饮特色、环境情调及服务水准等因素；其次，还要考虑到距离的远近，以及周边是否方便停车，场所内是否有配套的卫生、娱乐设施等。

> **小提示**
>
> 如果上司拟在宴请之际与客人初步谈定某一笔生意,最好将宴请地点选择在宁静、优雅之处,使双方免受外界干扰。
>
> 如果上司拟借宴请之机同老客户互通一下情报,或相互交流一下意见,将宴请安排在公司附设的餐厅里,效果可能会更好。

5. 布置宴请现场

宴会厅的布置除了选择桌型、餐具、酒具及音响、装饰外,重点工作有两项:

(1) 桌次安排。桌次即桌位的高低次序,表明各桌就座人员的身份。两桌和两桌以上的宴会一般应当排桌次。排桌次首先要确定主桌,安排主人和主宾就座。安排桌次要遵循"中心为上"、"远门为上"、"以右为上"的原则。

(2) 席次安排。席次即同一桌中的座次高低,一般情况下,主人面朝正门和所有来宾居中而坐,其他席位的高低以离主人远近而定,同时遵循右高左低的惯例。秘书人员在排席位之前,要先落实主宾名单,然后按礼宾次序排列。

6. 拟定宴请菜单

宴请的酒菜安排应该根据接待的规格、预算的经费和宴请的形式来确定。菜单开列出来后,请上司审核后再实施。一般要注意以下几点:

(1) 客人忌好。订菜前要了解客人的喜好与禁忌,尤其是对客人的饮食禁忌不可以马虎,如宗教禁忌、健康原因、饮食偏好、职业禁忌。

(2) 地方特色。在尊重客人的忌好、照顾客人的饮食习惯的前提下,尽可能地安排具有地方特色的菜系和本餐馆的特色菜,能够使宴会更成功。

(3) 品种数量。菜肴的品种要丰富、味道要多种、造型要美观,同时菜肴的道数和每道菜的分量要适中,不可过多或过少。确定菜单可以遵循"宴请人少,菜要少而精;宴请人多,就需精而全"的基本原则。

> **小提示**
>
> 拟定宴请菜单优先考虑的菜肴有三类:
>
> 第一类是有中餐特色的菜肴。宴请外宾的时候,上一些中餐特色菜,不一定是美味佳肴,但因其中国特色而更受客人的推崇,如狮子头、炸春卷等。
>
> 第二类是有本地特色的菜肴。宴请外地客人时,上一些本地特色菜,比千篇一律的生猛海鲜更受欢迎,如西安的羊肉泡馍、湖南的毛家红烧肉等。
>
> 第三类是本餐厅的特色菜肴。很多餐厅都有自己的特色菜,上一份本餐厅的特色菜,能说明主人的细心和对客人的尊重。

7. 提前发出邀请

各种正式的宴请活动，邀请客人的时候一般都要使用请柬，不论路途远近都应如此。如果被邀请的是具有较高身份者或长辈，还应当专人登门单独邀请，以示诚意。请柬应当提前1～2周发出，以便被邀请人做出安排。请柬中应当说明宴会的目的、时间、地点、邀请单位或主人姓名以及对来宾的要求等，必要时请柬还应当注明桌次和附有回单。

> **小提示**
>
> 请柬语言不要因疏忽而出现对客人不尊敬的表述，如有的请柬将"请届时光临"写成了"请准时光临"，一种命令的口气，令人不舒服。
>
> 一旦请柬发出，宴请的时间和地点就不能轻易改变，以免引起混乱。如果非改不可，一定要想尽一切办法通知到每一个被邀请者。

（三）宴请的基本程序

1. 迎接

秘书人员要提前到达宴请地点，检查一下相关准备工作做得如何。秘书人员应当代替上司或陪同上司站在大厅门口等待客人的到来。客人到达后，宾主相互握手问好。然后秘书人员可以引领客人至休息厅小憩，为客人准备茶水和擦洗手的干湿纸巾。如无休息厅则直接进入宴会厅，但不入座。

2. 入席

入席时需要注意客人的落座，如果事先已经安放了席位卡，也需要引座；如果没有安放席位卡，则需要有秩序地引领客人入座，先主后次，一批一批地领到座位上。入座时，正对门的位置是买单的位置，背对门口的座位则一定要由秘书人员来坐，方便催菜、买单等。

3. 致词

主宾双方可以在入席后发表讲话来表达某种意愿。如果是上司讲话，秘书人员可以适当为上司作介绍；如果是秘书人员作为代表发言，最好简短一些，注意热情、礼貌、轻松。如果致正式的祝酒词，事先要准备好。

4. 敬酒

如果给客人敬酒，要以座次的顺序为序，从主到次进行，而且碰杯不可碰得太响。席间秘书人员要注意活跃宴会气氛，使大家愉快就餐。一般来说，敬客人酒时不宜过多，但是重要客人敬多了是可以的。别人敬酒时，不要随意参与。

> **小提示**
>
> 秘书人员敬酒时，如果委婉地说"代××（上级）敬您一杯"，可以兼顾双方位置的微妙差别。

5. 欢送

主人宣布宴会结束前，秘书人员不要中途离席。就餐完毕，客人起身告辞，秘书人员要陪同上司送主宾至门口或车前，热情话别。

二、模拟演练

根据上述介绍的宴请事务管理知识，请讨论任务示例中的秘书小张应该怎样应对由于疏忽带来的"尴尬"？并分角色扮演，进行模拟演练。

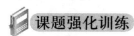

<训练1>

××公司为销售额突破百万元举行庆功联谊会，给一些单位发送了请柬，邀请大家参加，并准备了精美的礼品，用来感谢平时对自己单位的帮助。结果有些单位没有接受邀请，活动不太成功。公司主要领导很困惑，经和有关人士接触，方知所送请柬有问题。一是落款时间用阿拉伯数字写，中间用顿号来代替年、月、日的汉字，给人以活动不正式、本公司领导本身就不够重视的感觉。二是请柬中的事由没有表达清楚，使人误以为是该单位的内部活动，别人可有可无，当然就不肯应邀前来了。

请思考：这个案例给我们安排好宴请事务带来了什么启示？

<训练2>

2008年3月5日上午，××公司技术部部长带领3名技术人员到××公司洽谈技术合作事宜，秘书小刘和总经理一起陪同对方人员参观了公司的生产车间、研发中心和最新产品。眼看到了吃饭时间，总经理示意小刘去安排一下中午宴请对方的事宜，并告诉她下午2点在公司小会议室与对方进一步洽谈合作事宜。以什么样的宴请形式宴请对方才合适呢？

小刘不好意思当着客人的面请示总经理，请你帮助她安排一下。

<训练3>

××公司为了表达对客户的谢意，准备在新年来临之际，召开客户联谊宴会。总经理要求秘书小高安排宴会的桌次和座次。总经理指导，这次宴会共设三桌（圆桌），呈三角形，分别编号为1、2、3号。小高马上着手制订此次宴请桌次和座次安排表供总经理参考定夺。

请帮助秘书小高画出这次宴请的桌次和座次示意图，必要内容可以根据上述情景合理虚拟。

<训练 4>

请虚拟一个宴请情境，模拟制作一份宴请准备工作的书面安排材料，包括宴请规格说明、时间、地点、人员名单、请柬、菜单、桌次与座次示意图等，然后打印并装订成册。可以查阅相关参考资料。

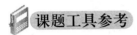

课题工具参考

请　柬

×××先生：

　　谨订于××××年×月×日（星期×）晚×时在××宾馆××宴会厅举行招待宴会。

　　敬请

光临

××××公司
总经理　××
××××年×月×日

××公司接待××公司张×经理一行迎宾便宴安排表（示例）

项 目	有关内容	注意事项
时 间	×月×日 19：00-21：00	×月×日，电话联系订餐
地 点	××大酒店黄山厅（二楼）	
参加人员	客方：张×总经理，李×副总经理，总经理助理周× 主方：李×总经理，严×副总经理，邢×经理，秘书赵×	×日 18：30，赵×先到饭店安排座位，按座次引导来宾就座
经办人	办公室主任王×，秘书赵×	
用餐级别	便宴用餐标准人均 150 元 工作人员用餐标准人均 20 元	工作人员（含司机）在楼下大厅用餐，无酒类
菜 谱	1. 茶类：茉莉花茶、红茶 2. 酒类：××白酒、××啤酒 3. 冷菜：见详单 4. 热菜：见详单	
座 次	1. 李×总经理　　2. 张×总经理 3. 李×副总经理　4. 严×副总经理 5. 邢×经理　　　6. 助理周× 7. 赵×	

课题 17　礼品事务管理

  课题任务示例

××公司是一家产销一体的外贸加工企业，多年来生产挂毯、丝织品出口许多国家，近年来一直想开辟中东市场。为表示友好，公司精心挑选了一些质量上乘的五爪龙图挂毯，作为礼品带到了中东一国家。没想到对方公司的经理看到挂毯后非常气愤，当即表示不期望与中国企业合作，并立即下了逐客令。

任务：
1．请讨论对方公司逐客的原因。
2．学会正确地赠送和接受礼品。

  课题任务分析

礼品是沟通人际关系的润滑剂，也是促进彼此合作的助推器。尤其在商务活动中，为了打通门路，改善关系，向某些关键人物或部门赠送一些合适的礼品，就可能为自己的企业带来经济效益或发展的机会。当然，送礼贵在合适，秘书人员必须了解礼品赠送或接受的常识。

这个示例情景中，××公司犯了一个错误：本是用心良苦，想通过赠送对方有意义的礼品来增进友谊，促成合作，却忽略了涉外礼品馈赠中的禁忌问题。该中东国家有一风俗，认为龙有凶吉之分，区别就在龙爪上，五爪为凶，四爪为吉，而××公司带去的礼品恰恰是五爪龙的龙图挂毯，犯了人家的忌。

  课题任务解决

一、基本知识

（一）赠送礼品的时机

1．节庆之时

包括我国传统节日如春节、端午节、中秋节等，还有法定节日如元旦、劳动节、教师节等。向外国友人赠送礼品还可以选择圣诞节这样的节日。

据调查表明，对大多数公司来说，选择这些佳节送礼仍然是最流行的做法。

2. 喜贺之时

包括个人值得喜贺之时，如结婚、生育、生日、寿诞、乔迁、晋升、庆功等；还有单位值得喜贺之时，如开业志庆、周年纪念、取得重大成果等。

3. 道谢之时

受到了他人关心、照顾、帮助，如朋友将一个生意信息或商业机会介绍给你，那么可以在适当的时机，以礼品相赠，略表谢意。

4. 慰问之时

关系密切之人如亲友、同学、同事、上司遇到困难、挫折或患病卧床、重病初愈等，可以赠送适当的礼品表示关心与慰问。

5. 惜别之时

如亲友或共事多年的同事要调离到其他岗位，甚至到异国他乡，为表惜别之情，一般送些礼物作为纪念，以表友谊地久天长。

> **小提示**
>
> 当商务合作的双方进行友好访问，或洽谈业务时，为了促进双方的友谊，往往也会准备一些有特色的礼品赠送给对方。

（二）赠送礼品的选择

1. 考虑双方的关系

双方关系或亲或疏，还是想进一步发展，选择的礼品就会有轻有重。一般而论，在公务活动中，代表本单位为外单位选择礼品时，应当侧重于它的精神价值和纪念意义，而不能以金钱加以衡量，过分强调含金量。

2. 考虑对方的特点

如注意对方的兴趣与爱好、年龄与修养等。如果所赠礼品适应了受赠对象的兴趣与爱好、年龄与修养，它的实际作用可能会倍增。相反，则恐怕会受到冷遇，甚至可能会被打入"冷宫"。另外，还要特别注意尊重受赠对象的个人禁忌。

> **小提示**
>
> 对受赠对象的个人禁忌，应当从两个方面来加以理解。一方面，它是纯粹由于受赠对象个人理由所造成的禁忌。例如，把一瓶茅台酒送给一位历来滴酒不沾的长辈，就不会受到欢迎；另一方面，它是指由于风俗习惯、民族差异、宗教信仰以及职业道德等所造成的个人禁忌，有时这方面的禁忌亦称公共禁忌。例如，在西方赠送礼品的具体数目绝不可以是"13"。

3. 考虑送礼的原因

这决定了选择哪类礼品。如庆贺开业和感谢支持所选择的礼品肯定会有差别，庆贺结婚和庆贺生日所选择的礼品也是不一样的。另外，还要考虑到经济条件是否有限制，如单位购买礼品应当遵照财务等方面的相关规定，不可以违纪。

（三）赠送礼品的方式

1. 当面赠送

即亲自将礼品当面交给对方。如果是会谈会见等活动，一般由最高职位的人代表本方向对方人员赠送礼品；赠送应当从地位最尊的人开始；同一级别的人员中应当先赠女士后赠男士，先赠年长者后赠年少者。赠送礼品应当双手奉送，或用右手呈交，避免用左手。

> **小提示**
>
> 通常情况下，当众只给一群人中的某一个人赠礼是不合适的，那样受礼者会有受贿赂和受愚弄之感，没有受礼者会有受冷落和受轻视之感。

2. 委托赠送

即委托第三者代替自己将礼品送达受赠对象手中，如托人转送礼品，或是邮寄礼品。这时应当亲笔撰写一份致辞，或以自己的名片加以短语来代替。将致辞或名片备好后，装入大小相当的信封中。信封上只写受赠者的姓名，不写其地址，并将其贴在礼品包装皮的上方。

（四）赠送礼品的要求

1. 分量适度

商务活动中的礼品馈赠，一般不能太贵重，应当着眼于礼品的适应性、纪念性、独特性、时尚性、便携性等。如果礼品过于贵重，容易使对方产生不安，有行贿之嫌，总觉得背负着"人情债"，就事与愿违了。

2. 注重包装

包装礼品通常被看做礼品必不可缺的重要组成部分，尤其是在正式场合赠送于人的礼品，在相赠之前一般都要进行认真的包装，即用专门的纸张包裹礼品，或把礼品装入特制的盒子、瓶子之内，让受礼者感到自己备受重视。

> **小提示**
>
> 切记一定要把礼品的价格标签拿掉，不要把情谊变成赤裸裸的金钱关系。

> **链接**
>
> **谈谈礼品的包装**
>
> 现在，在人们选择礼品的时候，文化色彩越来越浓，情感交流显得越来越重，在此情况下依然不重视礼品的包装，肯定失大于得。在国外好多地方，人们用于礼品包装的花费往往要占送礼总支出的三分之一，甚至二分之一。由此可见礼品的包装在人们心目中所占的位置。过去，人们片面地认为送礼应当"重在内容，不重形式"，即使价格昂贵的工艺品，也拿张破报纸一裹了事，其实这种低档的外包装往往会使受赠者"低估"礼品的价值，因此不重视礼品包装无论从哪一个方面来讲，都是缺乏远见的。
>
> 在日常交往中，礼品的包装不必过分奢侈。但不论礼品本身是否装在盒子里，都应选择专用的花色、彩色的礼品纸在其外面进行一番精心的包装。然后，再用彩色的丝带在外面系上漂亮雅致的梅花结或蝴蝶结。

3. 适当说明

在当面赠送他人礼品时，要进行必要的说明，如说明送礼的理由、礼品的寓意、礼品的用途等。同时特别注意恰当表达自己的态度，既不要过分谦虚，自我贬低，也不要用近乎傲气的口吻强调礼品的实际价值，对对方的好感与情义才是送礼的真义。

> **小提示**
>
> 送礼时不当的意思表述如："没有什么好东西，凑合着用吧"、"没有什么准备，临时买来的"、"这是很贵重的东西"……
>
> 送礼时恰当的意思表述如："这是我为您精心挑选的"、"相信您一定会喜欢"、"一点薄礼，不成敬意"……

（五）接受礼品的礼节

1. 双手捧接

当赠送者递上礼品时，应当神态专注，面含微笑，双手去捧接，不要一只手去接礼品，特别是不要单用左手去接礼品。

2. 表示感谢

如果当场接受别人礼品的话，最好口头上表示感谢，必要的话还要和对方握手道谢。同时，还要表示对对方的礼品很欣赏。

3. 拒绝有方

一般不应当当面拒绝礼品，要给对方留有退路。如果认为对方的赠送的礼品考虑欠妥，应当在事后及时予以说明，取得对方的谅解后再行退还。

4. 适当回礼

一般而言，接受他人赠送礼品应当回礼。回赠礼品，一要注意不超值，即回礼的价值一般不应当超过对方赠送的礼品；二要注意有一个恰当的理由和合适的时机，不能为了回礼而不选时间、地点单纯地回送等值的物品。

二、模拟演练

根据上述介绍的礼品事务管理知识，请虚拟一个合适的送礼情境，分角色扮演，模拟演练授受双方送礼与接礼的情景。

课题强化训练

<训练1>

新职员张先生刚进公司，在工作上受上司照顾颇多，一直想赠送些礼品表示感谢，但苦无机会。一天，他偶然发现上司红木镜框中镶的字画给人的感觉是一幅拓片，跟家里雅致的陈设不太协调。正好，他的叔父是全国小有名气的书法家，手头还有叔父赠送的字画，就马上把字画拿来，主动放到镜框里，果然，上司看到礼品后十分喜爱，送礼的目的终于达到了。

请分析张先生送礼成功的经验。

<训练2>

毕业典礼上，同学们纷纷赠送老师礼物作为留念。请分组虚拟场景，扮演不同角色，模拟一下送礼现场的情景，然后请大家做出评价。

<训练3>

请虚拟送礼与受礼的场景，分组分角色扮演，侧重模拟演练拒绝接受对方送礼的情景。

<训练4>

请分组讨论并概括出哪些礼品是受赠者难以接受的，然后各组选出一名中心发言人在全班发言，最后由老师做总结。

课题工具参考

礼品选择参考

（1）企业化办公用品。此类产品包括纸砖、本册、文件夹等，既可用于商务广告礼品赠送，也可在单位内部使用，特点是广告位置显著，本册、文件夹还可加公司简介，适合办公场合赠送。

（2）广告笔。小巧实用、功能多样，无论大量派发还是专门赠送，均有适宜选择。包括：圆珠笔、签字笔、造型笔、品牌笔等。

（3）广告表。在提醒人们关注时间的同时，也提醒关注你的品牌，属中高档礼品。包括：塑胶壳表、金属壳表、多功能表等类型。

（4）广告服饰。真正的"亲密"接触，让品牌深入到人们心里。包括：文化衫、T恤衫、夹克衫、马甲、广告帽、丝巾、领带等。

（5）电子产品。实用性和技术性，现代人自然偏爱科技化的礼品。包括：计算器、收音机、电子万年历、PDA、电子保健产品等。

（6）皮具制品。皮革的魅力在于浑然天成与精巧，是常用的高档商务礼品。包括：名片夹、钥匙包、化妆包、银夹、票夹、公文夹等。

（7）案头精品。具有华丽的外观与考究的品质，配合精美的广告标志制作，是近年流行的正式商务场合的高档赠品。

（8）水晶制品。本身透彻、晶莹，折光后又绚丽夺目，高贵品质一目了然。采用人工水晶材料，可加工成多种形状，配以精美包装，适用于重要活动纪念与颁发奖项。

（9）箱包制品。实用型礼品，适用于会议、讲座、展览会等。包括：硬币包、笔袋、施行箱、电脑包、休闲包、公文包等。

（10）家居用品。让对企业品牌的记忆，深入到人们生活的每一角落。包括：适合展会、促销赠送的低档礼品以及瑞士军刀、名牌电器等高档VIP礼品。

（11）奖品奖牌。精美的品质配合多种标志文字制作效果，让人不仅看在眼里，而且记在心里。适用于资格认定、奖项颁发和重要活动纪念使用。

（12）广告伞、帐篷。实用性强，广告位置显著，是夏季促销活动及展会中很受欢迎的赠品。

（13）徽章匙扣。有效树立公司品牌形象，低档产品适合促销、展会，高档产品应用于商务场合。

（14）POP、EVA。价格低廉、色彩鲜艳，适合展览会和大型促销活动。包括：PVC笔筒、广告扇、气球、软胶笔、塑胶相框、鼠标垫等。

（15）塑胶制品。广告位置醒目，有户外广告的效果，常用于展览会和大型公共活动的会场布置。包括：大型充气物、造型充气物、自动充气气球等。

（16）金箔古币。充满文化品位，具有较高的艺术性和观赏性，是高档赠品的最新选择。

（17）工艺品。具有较高的艺术性和收藏价值。适用于重要活动纪念和高级商务活动赠送。包括：铜器、锡器、陶瓷等工艺品。

（18）包装制品。精美的包装对树立公司形象、提升推广效果有重要作用。包括：各种材料的包装盒、包装袋、纸袋等。

课题 18 喜庆事务管理

 课题任务示例

××公司将于1月10日举行上一年度先进表彰大会,责成公司行政办公室负责表彰大会的筹备工作。秘书小高是前不久应聘到公司行政办公室的,秘书专业毕业,办公室张主任让小高来具体做这次表彰大会的筹备工作。对于刚上岗的小高来说,这自然是一次很好的展示自己的机会,不过毕竟这是上岗后第一次承担这么重大的任务,以前没有实践经验啊,从哪里入手呢?小高还真有点儿紧张。

任务:
1. 请思考秘书小高应该如何做好筹备工作?
2. 学会组织和参加常见喜庆事务活动。

 课题任务分析

不管是公司还是个人,人们在工作和生活中总少不了一些值得庆贺的事情。对于企业而言,喜庆事务大体包括企业内部贺奖活动、商务庆典活动和参加外部喜庆应酬活动,对企业的发展都有着重要的内外公关作用,秘书人员应该遵照上司的指示或企业的规定处理或协助处理好相关事务。

这个示例情景中,秘书小高面对的其实就是组织企业内部的贺奖活动,一般要做好仪式程序的设计、仪式现场的布置、相关物品的购置、工作人员的调配等,尽管还没有实践经验,但只要把握其中的要点,一项一项落实,就没有问题。

 课题任务解决

一、基本知识

(一)组织内部贺奖活动

1. 筹备工作

内部贺奖活动一般都要组织专门的贺奖仪式,秘书人员要根据上司的指示精心策划,做好筹备工作,必要时可以制作工作程序表,按照时间顺序,逐项完成。筹备工作主要包括:

(1)确定举行贺奖仪式的时间。

(2)选择举行贺奖仪式的场地。

（3）拟定出席贺奖仪式人员名单。

（4）购置奖状、奖品、纪念品等。

（5）预定并调配会场工作人员等。

2. 会场布置

贺奖活动的会场布置要体现出热烈和隆重的气氛，特别要做好下述几项工作：

（1）主席台的正上方应当悬挂与贺奖内容相应的会标。

（2）主席台后方安放一排长桌及靠背椅，桌上放置就座人员的姓名标识。

（3）主席台右前方设一讲桌。

（4）主席台最前端可以放置鲜花，增添气氛。

（5）主席台外侧可以悬挂一些祝贺及鼓舞性的标语。

（6）台下前排安排接受贺奖人员就座，如果获奖人员较多，可以按授奖的次序依次安排座位，保证接受贺奖过程中的有序化。

（7）台下的灯光应当柔和，台上的灯光应当明亮。

（8）会场的扩音设备事先要充分调试好。

3. 贺奖程序

秘书人员要事先拟好贺奖仪式的程序，并组织和维护好现场的秩序。贺奖仪式的程序大体包括：

（1）与会人员入场。特别注意工作人员要引导主席台上的就座位置和台下接受贺奖人员的就座位置。

（2）宣布仪式开始。主持人准时宣布贺奖仪式开始，介绍在主席台就座的人员，完毕可做简短的致词。

（3）宣读颁奖决定。可以请有关领导宣读颁奖的决定，并致贺词或发言，说明受奖祝贺的原因等，时间一般在 10～15 分钟为宜。有时发言稿可能由秘书人员事先撰写好。

（4）颁发奖品等物。这是整个活动的高潮，当主持人宣布颁奖开始，应当立即播放乐曲，工作人员带动全场鼓掌。台下的工作人员引导受奖者列队走上主席台或台前，并分别引导到各个为之颁奖的领导人面前，然后迅速离开。负责递送奖品的工作人员迅速把奖品等递交给颁奖人员，并立即离开。

> **小提示**
>
> 如果颁奖有等级，应当按次序先发三等奖，最后发一等奖。

（5）有关人员致词。颁奖完毕，一般请职务较高的领导人或社会名流致词，表示祝贺或勉励，时间 3～5 分钟为宜。然后再请受奖者个人或受奖代表致答词，表达感激之情和继续努力的决心。秘书人员事先都要安排妥当。

（二）组织商务庆典活动

1. 进行舆论宣传

举办商务庆典活动的主旨是为了塑造本企业的良好形象，吸引社会各界的关注，争取公众的认可和接受，而舆论宣传的作用则至关重要。企业可以选择有效的大众传播媒介，在报纸、电台、电视台等进行集中的广告宣传，内容一般包括庆典活动的举办日期、举办地点、主要活动等。还可以邀请新闻记者在庆典活动举办之前到现场进行采访报道，以便进一步进行正面宣传。

2. 邀请来宾

商务庆典活动影响的大小，往往取决于来宾身份高低与数量多少。一般来讲，邀请来宾的范围包括：上级领导、社会名流、新闻记者、同行人士、社区代表、员工代表。拟定好邀请来宾名单，经领导审定后，应当分别印制成精美雅致的请柬，提前2周左右寄达或送呈给被邀请者，以便被邀请者安排时间，按时赴会。

> **小提示**
>
> 最好在活动举办前3天再电话核实有无变动，对贵宾宜在活动举办前再核实一次。

3. 确定主持人和致词人

主持人可以是相关领导，也可以是有一定影响的电台、电视台或礼仪庆典公司的主持人。主持人应当仪表端庄、仪态大方、反应机敏、口才良好，并熟悉整个活动的程序。

致词人除举办方的领导外，还要在来宾中选择嘉宾致词人，一般由上级领导和来宾中身份较高者担任，并事先和对方进行沟通和确认。致词人确定好后，要为其准备好致词稿。

4. 拟定庆典程序

每次商务庆典活动的内容和程序视具体情况而定，一般包括如下内容：
（1）主持人宣布庆典活动开始；
（2）升国旗、奏国歌或升公司旗、奏公司歌；
（3）介绍领导、嘉宾；
（4）举办方负责人和来宾代表致词；
（5）剪彩、授奖、参观等；
（6）酌情安排宴请或文艺演出；
（7）留影、题字等。

5. 安排剪彩事宜

如果是公司成立、商场开业或大型工程奠基仪式、竣工仪式等庆典活动，一般都需要举行剪彩仪式。安排剪彩事宜主要包括以下三个方面的工作：

（1）剪彩者的确定。剪彩者一般请上级领导、合作伙伴或社会知名人士担任。根据惯例，剪彩者可以是一个人，也可以是几个人，但是不应当多于五个人。剪彩者名单一经确定，应当尽早告知对方，让其早有准备。

（2）助剪者的挑选。助剪者指在剪彩过程中为剪彩活动提供帮助的人员，即通称的礼仪小姐，一般分为迎宾者、引导者、服务者、拉彩者、捧花者、托盘者。礼仪小姐常由举办方挑选年轻、精干、身材和相貌较好的年轻女职员担任，也可以到专业组织聘请。礼仪小姐确定并做好分工后，要进行必要的培训和演练。

（3）剪彩用品的准备。剪彩用品主要有红色缎带、新剪刀、白色薄纱手套、托盘以及红地毯等。

> **小提示**
>
> 红色缎带上所结的花团数目通常较现场剪彩者的人数多一个，这样使每位剪彩者总是处于两朵花之间，尤显正式。

在剪彩仪式结束后，举办方可以将每位剪彩者所使用的剪刀包装好，送给对方作为纪念。

6. 安排接待工作

庆典活动一经决定举行，即应当成立对此全权负责的筹备组。筹备组应当下设若干专项小组，在公关、礼宾、财务、会务等各方面各管一段。其中负责礼宾工作的接待小组，原则上应当由年轻、精干、身材与形象较好、口头表达能力和应变能力较强的男女青年组成。庆典活动接待小组的主要工作有以下几项：

（1）来宾的迎送。

（2）来宾的引导。

（3）来宾的陪同。

（4）来宾的招待。

7. 布置庆典活动现场

（1）选择地点。在选择具体地点时，应当结合庆典活动的规模、影响力以及本单位的实际情况来决定。场地的大小，应当同出席者人数的多少相适应。

（2）美化环境。可以在现场悬挂彩灯、彩带，张贴宣传标语，并且张挂标明庆典活动具体内容的大型横幅。还可以请乐队、锣鼓队演奏音乐或敲锣打鼓，渲染热烈喜庆的气氛。

（3）准备音响。在举行庆典活动之前，务必要把音响准备好，尤其是供来宾们讲话使用的麦克风和传声设备。在庆典活动举行前后，可以播放一些喜庆、欢快的乐曲。

8. 其他准备工作

比如准备文字材料，像庆典活动程序表、来宾名单、主持词、致词、答词以及企业或组织的宣传册等。再如准备贵宾留言册，应当使用红色或金色锦缎面高级留言册，同时准备好毛笔、砚墨或碳素笔。又如准备礼品，因为庆典活动中向来宾赠送礼品也是一种宣传手段，选择礼品要有象征性、纪念性、宣传性。

> **小提示**
>
> 组织庆典活动事先要做好经费预算，一般有租场费、印刷费、会场布置费、茶点费、礼品费、文具费、邮费、电话费、交通费等。

9. 具体组织庆典仪式

商务庆典仪式一般包括以下内容：
（1）组织来宾签到。
（2）接待陪同来宾。
（3）剪彩或揭幕。
（4）举办方领导和嘉宾代表致辞。
（5）配套文艺演出。
（6）参观或座谈。
（7）赠送礼品。

（三）参加喜庆应酬活动

1. 获取信息

除了企业内部贺奖活动或商务庆典活动，参加外部喜庆应酬活动也是一项重要的礼仪交际工作，主要包括参加个人的就任、升任、得奖、结婚、生子、祝寿、毕业、就业以及建筑物落成或装修重新启用等，参加公司的创业周年、开业、设立分公司、新任董事长就职、开工典礼、落成典礼、股票上市等。秘书人员要注意通过各种渠道收集有关信息并进行确认。

当消息确认可靠之后，向上司报告，请示应酬的方式，即：
（1）是否由上司直接出面应酬？
（2）是否由他人代理？应当派何人代理？
（3）公司或上司个人作何种程度的表达？

2. 处理方法

如果是与公司有业务往来的客户，或上司的朋友等有关人士就任、荣升、晋升、获奖、受到表彰等的时候，一般拍贺电、寄贺信或赠送礼物以表示祝贺。如果是上司特别亲近的朋友，则由上司亲自表达贺意，拍贺电、寄贺信或赠送礼物。其他公司的创立、开业、新厦落成等，一般应该及早送贺礼以示祝贺。

如果是婚礼，则要注意上司收到请帖后，无论参加与否，都应当送礼给对方，尽量在婚礼前一星期送达，并表达专诚致贺之意，关于送礼事宜应当向上司请示。如果请快递公司代送，一定要说明使用礼品纸包扎，贺信可以个别送达或随贺礼送达。如果请帖中夹有征询参加与否的回执，应当尽早寄出，方便对方统计人数等。拍发贺电时，应当查明新郎、新娘的全名，婚礼的日期和地点，并指定送达的日子。

二、模拟演练

根据上面介绍的喜庆事务管理知识，请帮助任务示例中的秘书小高列出这次表彰大会筹备工作的要点及细节。

 课题强化训练

〈训练 1〉

请为课题任务示例中××公司的表彰大会撰拟一份现场活动程序单，必要内容可以合理虚拟。再为其模拟布置一下会场，画一张会场布置示意图并辅以文字说明。

〈训练 2〉

××礼仪文化传播公司将于×月×日举行隆重的开业典礼。请为其设计一份仪式程序，并代拟嘉宾致词稿，必要内容可以合理虚拟。

〈训练 3〉

请虚拟一个剪彩仪式情境，分组分角色扮演相关人员，进行模拟演练。

〈训练 4〉

××服装公司在开业时，没有举办隆重的开业仪式，而是在开业的当天，向首先进入服装公司营业厅的 20 位顾客发放了号码，并请 8 号与 18 号两位顾客为公司开业剪彩，充分体现了"顾客就是上帝"的宗旨。

请思考：这个案例给我们的启示是什么？

〈训练 5〉

大龙公司将于 5 月 10 日举行开业五周年庆典，红远公司与大龙公司是长期的业务合作伙伴。假设你是红远公司行政办公室秘书，请撰拟一份以红远公司的名义致大龙公司的贺信。

〈训练 6〉

假设你上司的一个朋友就任新职，上司让你代表他表达一下贺意，请问你会如何完成这项工作？

课题工具参考

××集团公司××颁奖大会主持词（示例）

　　××集团公司××颁奖大会现在开始！首先，请允许我介绍莅临今天颁奖大会的尊敬的各位领导和嘉宾，他们是……让我们以热烈的掌声对各位领导和嘉宾的到来表示欢迎和感谢！

　　今天的颁奖大会共有五项议程。

　　下面进行大会第一项：××集团公司××颁奖大会现在开始！请全体起立，奏国歌。

　　请坐。

　　现在进行大会第二项：请×××同志宣读颁奖决定。

　　现在进行大会第三项：举行颁奖，请×××同志、×××同志、×××同志为获奖员工颁奖。

　　现在进行大会第四项：请×××同志致贺词。

　　现在进行大会第五项：请×××同志代表获奖员工发言。

　　现在我宣布，××集团公司××颁奖大会到此结束！谢谢。

××电脑公司开业庆典主持词（示例）

各位朋友：

　　你们好！

　　改革开放带来累累硕果，十五大东风又吹开朵朵新花。在这万象更新的金秋季节，××电脑公司隆重开业了。在此，我代表××电脑公司的领导和全体员工，向来××电脑公司参加剪彩仪式的朋友们表示衷心的感谢！

　　今天的剪彩仪式分为八个程序。

　　下面进行剪彩仪式的第一项：我宣布，××电脑公司剪彩仪式，现在正式开始。各位朋友，在乐队欢快的奏乐声中，在喜庆的鞭炮声中，我向大家介绍一下参加今天仪式的几位嘉宾。他们是：××市委书记×××同志，××局副局长×××同志，××公司董事长×××同志，京城××报社社长×××同志，××电脑总公司总裁×××同志，兄弟公司的经理×××同志。大家用掌声来欢迎他们的到来。

　　现在进行剪彩仪式第二项：奏国歌，全体起立。

　　现在进行剪彩仪式第三项：请××电脑公司经理×××同志讲话。

　　现在进行剪彩仪式第四项：请××电脑公司总裁×××同志讲话。

　　现在进行剪彩仪式第五项：请××市委书记×××同志讲话。

　　现在进行剪彩仪式第六项：请兄弟公司的经理×××同志讲话。

　　现在进行剪彩仪式第七项：请××市委书记×××同志和××局副局长×××同志为××电脑公司剪彩。在欢快的乐曲声和燃放的鞭炮声中，让××电脑公司经理×××和大家一起参观被剪下来的彩带，这红红的彩带将给××电脑公司带来滚滚财运。

　　现在宣布：××电脑公司开业剪彩仪式到此圆满结束。

课题 19　丧仪事务管理

 课题任务示例

××单位的资深工程师程××去世了,他在本地工程界影响很大,子女又都在国外,上司就把筹办程××丧葬事宜的任务交给了秘书小刘。这种任务,小刘可是"新媳妇上轿——头一回"接受,他赶紧查找相关资料,向其他同事请教,以求把这事办得隆重、肃穆、圆满,给逝世者家人和上司交一份满意的答卷。

任务:
1. 假如你是秘书小刘,你应该如何筹办程××的丧事?
2. 学会丧仪活动组织的基本流程和吊唁活动的礼仪规范。

 课题任务分析

生老病死,是每一个人必须面临的事情。作为一个单位"无所不管"的秘书人员,协助料理本单位职工的丧事、代表或随从上司参加友好人士的悼念活动也是分内之事,同样是礼仪交际应酬的重要内容,秘书人员有必要熟悉相关的流程和事宜,并遵照上司的指示或公司的规定去办理或协助办理。

这个示例情景中,由于逝世者是本地很有影响的资深工程师,所以其丧葬事宜理应办得隆重一些,而且逝世者子女又不在身边,所以秘书小刘的任务就更重了。不过,只要小刘把握好丧仪活动的基本流程并注意处理好相关细节,就一定会办得圆满。

 课题任务解决

一、基本知识

（一）组织丧仪活动

当本单位某人逝世,尤其是较重要人物逝世,秘书人员往往要承担起组织或协助组织办理相关丧仪事务的工作。一般来讲,丧事办理包括如下主要环节。

1. 成立治丧机构

即成立一个临时性的治丧班子,一般称为"××同志（逝世者名字）治丧委员会"或"××同志治丧小组"。由有关领导担任正职,秘书部门、工会组织、直系家属参与其间,商量和安排有关事宜。

2. 发布讣告

讣告又叫"讣闻",是某人逝世后,其亲属、单位或治丧委员会用以告知其逝世信息的报丧用告知性礼仪文书,可以分为一般式讣告、新闻式讣告和公告式讣告。讣告要在向遗体告别仪式之前发出,一般式讣告可以张贴于逝世者的工作单位或住宅门口,较有影响的人物去世,还可以登报或通过电台向社会发出,以便使讣告的内容迅速而广泛地告知社会。

讣告使用的语言要既严肃、庄重,又简洁、明确,避免使用一些过时或带封建迷信色彩的词汇。语言色彩必须哀悼、沉痛。讣告要用白纸黑字书写,可饰以黑框,以显沉痛。

链接

讣告正文一般由逝世者逝世信息、逝世者生平事迹和相关告知事项三个结构层次构成。

(1) 逝世者逝世信息。写清逝世者的姓名、身份、逝世原因、逝世时间、逝世地点和终年岁数。逝世时间要具体到年、月、日、时、分。终年岁数一般写为"享年××岁",但六十以下的人,一般不用"享年"。

(2) 逝世者生平事迹。高度概括逝世者的生平事迹,一般多见于重要人物、知名人士,普通人略写或不写。

(3) 相关告知事项。酌情写清开追悼会或向遗体送别、告别的时间、地点等,或逝世者生前的遗愿,如不举行遗体告别仪式等。可以借机向曾经在逝世者病重期间给予关怀、看望的有关人员致谢。

3. 搭设灵堂

一般来说,自讣告发出至追悼仪式开始,应当在逝世者的家中或单位搭设灵堂,悬挂逝世者遗像,接受亲朋好友的吊唁。

灵堂的布置以庄严肃穆为原则。正后方墙壁上扎"花牌",有全花、半花两种,大致以深绿色为底,扎上黄色花朵图案。花牌的正前方放置灵桌,灵桌后方正中央安置一尊四周扎有鲜花并镶着黑边的大幅遗像,相框上搭设结有花结的黑纱,从相框上端中间平分垂在相框的两侧。遗像下面放置大大的"奠"或"悼"字。灵桌上通常置备鲜花,一般以黄、白菊花为主,还可以备置供果、供菜,中间放置灵位,两旁放一对大香烛,另有香炉等。素花篮可以放在灵桌两边,以八字形排开。逝世者亲人的挽联挂在遗像两旁正后方的花牌上,其他人士致送的挽联、挽幛可以分别挂在灵堂两旁的墙壁上。花圈、花篮安放于入门两侧。

4. 举行追悼仪式

(1) 礼厅布置。遗体告别礼厅一般选在殡仪馆。礼厅的布置力求朴素、庄严、肃穆。一般的布置形式为：大厅正面悬挂上黑纱的逝世者遗像，上方挂白底黑字的黑布横幅，如"沉痛悼念××同志"，两侧垂直悬挂大幅挽联。现在的殡仪馆已引进现代化设备，电子显示屏多已取代了手写横幅。功能遗体安放在长桌正前方；安放遗体的灵床四周用鲜花围起，使遗体安卧于鲜花丛中，讲究的还为遗体铺花，即在灵床四周铺满鲜花。

> **小提示**
>
> 大厅两侧放置各单位、部门、逝世者生前友好及亲属赠送的花圈，花圈按级别高低与亲属关系从大厅里向外排列。主要亲属献的花圈、花篮放于遗像、骨灰盒或水晶棺前。

（2）相关准备。主要有这样几项工作：一是安排迎送车辆。如果参加追悼仪式的人数较多，应该安排好迎送的车辆，并通知好具体的时间、地点。二是确定司仪。在追悼仪式上，从开始到结束的每一项程序都是由司仪来宣布进行的，司仪应该具有一定的文化水平，见过大的场面，不紧张、不怯场，讲话得体，仪表端庄。三是准备悼词。悼词是追悼仪式上宣读的一种文书，是对死者一生的总结，一般由单位来写，也可由亲属来写。一般来讲，谁写悼词就由谁来宣读，单位写可由单位派人宣读，亲属写可由亲属宣读。另外，为了表示对组织单位、亲朋好友等给予的关心的感谢，在追悼仪式上家属可以致答谢词。

（3）仪式执行。追悼仪式一般包括下列环节：
① 司仪宣布×××同志追悼会现在开始；
② 默哀、奏哀乐；
③ 敬献花圈（篮）；
④ 致悼词；
⑤ 宣读唁电、唁函；
⑥ 由家属致答谢词；
⑦ 全体肃立，向×××同志遗体或遗像三鞠躬；
⑧ 瞻仰×××同志遗容（奏哀乐）；
⑨ 向×××同志遗体告别（奏哀乐）；
⑩ 领导与家属握手表示慰问，仪式结束。

5. 火化

追悼仪式结束后，遗体将送往火化间火化。火化后，殡仪馆会出具一张《遗体火化证明书》给家属。日后家属可凭证明办理有关手续。

（二）参加吊唁活动

吊唁是对逝世者表示沉痛哀悼、对逝世者家属表示安慰的一种礼仪活动。对曾在本单位工作过或外单位有影响的人物的逝世，秘书人员常跟从或代表领导前往吊唁或拟定唁电、唁函。

1. 参加吊唁活动

（1）敬献花圈。敬献花圈是向逝世者表达悼念与致意的最好形式。花圈可以到花店订制，也可以在吊唁所在殡仪馆租借。有的以单位名义敬献，也有的是逝者生前友好与亲友敬献。花圈挽带上的题词上联写姓名称谓，如"××同志安息"、"沉痛悼念××同志"；下联表示关系，对同志、朋友等一般写"××敬挽"。

> **小提示**
>
> 如果与逝世者或逝世者亲属关系比较密切，或逝世者亲属生活比较困难，也可以适当赠送钱物。送钱一般用白纸信封装，外面写上"奠仪"。送物一般是送烟酒，供逝世者亲属办丧事之用。

（2）参加追悼仪式。参加追悼仪式是为了表示对逝世者的怀念和寄托哀思，因此应当衣着得体，注意礼貌。宜穿深色或素雅的服装，佩戴白花、黄花或黑纱。态度要沉痛，说话要低声，步履要轻慢，切忌三五成群，谈笑风生，漫不经心或中途退场。要按规定的位置站立端正，向遗像鞠躬。

> **小提示**
>
> 如果因故错过了追悼仪式，事后吊丧时首先要慰抚逝世者亲属，表示对逝世者的哀悼，劝慰亲属节哀，并说明没有参加追悼仪式的原因和表达歉意。然后可以在逝世者遗像前肃立默哀1～2分钟。

2. 发送吊唁函电

某人逝世后，由于与逝世者不在一地，又来不及前往悼念，便以唁电、唁函的形式来表示吊问。使用唁电，一则迅速，二则更显庄重。致哀对象如果是重要人物，唁电、唁函除发给逝世者生前所在单位、组织或家属外，还可以通过报刊、广播、电视等发布。唁电的语言要精练、朴实，既表示对逝世者的悼念，又表示对逝世者亲属的安慰。唁函采用信函的形式，容纳的内容比唁电多，除了悼念逝世者和安慰亲属外，还可以叙述逝世者生前的品德、情操和功绩，做出实事求是的评价，字里行间应当浸透悲痛深沉的感情。

> **小提示**
>
> 唁电（函）正文一般首先直写噩耗传来之后的悲痛之情，多以"惊悉"、"惊闻"领起；接着向逝世者亲属表示亲切的慰问与哀悼。也可以酌情简略追述逝世者生前的功绩、美德等，还可以表达继承逝世者遗愿的决心。唁电的正文一般比唁函的正文更精简概要一些。

二、模拟演练

根据上述介绍的丧仪事务管理知识，结合任务示例中描述的情形，模拟制订一份程××同志治丧方案。

课题强化训练

<训练1>

××单位退休干部张××因病逝世，请以该单位的名义撰拟一份讣告，具体内容可以合理虚拟。

<训练2>

以××公司总经理的名义撰拟一份致训练1中张××家属的唁电。

课题工具参考

常见挽联用语

流芳百世；浩气长存；母仪千古；天人同悲；肝胆照人；音容宛在；永垂不朽；生荣死哀；鞠躬尽瘁；痛失知音；寿老归真；高风亮节；缅怀德范；寄托哀思；重如泰山；名垂千古；良师益友；……

挽联（示例）

灰撒江河，看不尽波涛，涓滴都是人民泪；
志华日月，信无际光焰，浩气长贯神州天。
——人民挽周总理

一支笔一口气咏尽人间沧桑事披肝沥胆；
万卷书万里路梦断世上未了情茹苦含辛。
——张笑天挽诗人丁耶

青山永志马季恩师一生说唱创新为百姓，
高风已留树槐先生万代相声欢笑洒人间。
——姜昆挽恩师马季

青灯黄卷十年心，回首旧游，明月好寻蝴蝶梦；
白发红颜三代泪，伤怀此别，残魂应发杜鹃啼。
——通用挽联

鹤架难回，终隔云山家万里；
郎肠易断，那堪风雨月三更。

　　　　——通用挽联

千时吊君唯有泪
十年知己不因文
　　　　——通用挽联

×××老师追悼会悼词（示例）

各位领导、×××同志前生好友及亲属：

　　今天，我们怀着无比悲痛的心情，在这里沉痛悼念退休干部、原××中学教师×××同志，向×××同志做最后的诀别。

　　×××同志于××××年×月×日×时因病医治无效，与世长辞，享年××岁。她的逝世，使我们失去了一位好同志、好战友，丈夫失去了一位贤惠持家的好妻子，子女失去了一位慈爱可敬的好母亲。

　　×××同志××××年生于××省××市××县，××××年×月参加教育工作，××××年×月入党，××××年光荣退休。

　　在××余年的教育生涯中，×××同志热爱党，热爱祖国，在教育战线上满怀深情，兢兢业业，任劳任怨，为国家培育造就了一批批栋梁之才。桃李不言，下自成蹊。在生活中她勤俭持家，相夫教子，以慈爱深情悉心呵护子女，教育子女认认真真做事，清清白白做人，表现了一名优秀教师、优秀党员的高风亮节。

　　×××同志的一生，是光荣的一生，光明磊落的一生，受人尊敬和爱戴的一生，也是勤劳工作、为人民服务的一生。今天我们在这里隆重地悼念她，就是要继承她的遗志，学习和发扬她的优秀品质，为社会的发展和进步贡献力量。

　　江河呜咽，山川低首，斯人已逝，音容长存。

　　敬爱的×××同志，你安息吧。

课题 20　媒体关系管理

课题任务示例

××公司秘书马小姐自认为是大公司的上司秘书,认为和记者之间没有她求记者的事,只有记者求她给新闻的事,所以平时当新闻单位的人来找她要点什么消息的时候,她总是拒绝,没有一次能配合的,导致和记者之间的关系越来越疏远。国庆节这天公司要进行十年庆典,上司十分重视,一再声明要搞得热热闹闹的。上司嘱咐马小姐一定要把新闻单位的人请来,因为这是个宣传公司的好机会。于是,马小姐逐一给几家新闻单位的人打电话,说请他们国庆节这天大驾光临。结果,人家都是类似这样的回答:"看吧,看那天谁有空,我叫他去。""那天我家里有事,可能来不了啊。如果能抽出身,我一定来。"所有人异口同声地都是委婉拒绝的话,没人买马小姐的账。最后,还是上司亲自出面,这些"小记者"、"小编辑"们才来捧场。

任务:
1. 请思考秘书马小姐的教训是什么?
2. 学会管理企业与新闻媒体的关系。

课题任务分析

新闻媒体对企业的形象具有举足轻重的影响,因为媒体为企业描绘的形象对企业的公众形象产生着重要的影响,所以说,媒体形象是至关重要的企业资产。企业成功当然要靠各种良好的企业运营条件来支持,绝非仅仅凭借良好的媒体形象,但是,良好的媒体形象确实是企业在商界站稳脚跟的基石,媒体的报道和企业生存之间的关系众所周知。企业必须十分重视媒体关系,认真处理媒体关系,在许多关键问题上,首先取得媒体公众的理解和支持。

这个示例情景中,秘书马小姐没有正确认识企业与媒体关系,甚至还存在着错误的认识,认为只有记者求她的份,所以总是以拒绝的姿态面对记者。结果到了关键时刻,没有人给她"面子",给她的都是一颗"软钉子",差一点影响了公司的大事。所以,作为企业沟通内外的秘书人员,更要有积极的媒体关系意识并善于与媒体打交道。

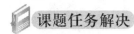

课题任务解决

一、基本知识

（一）企业要联络的主要新闻媒体

1. 报纸

报纸在今天仍然是左右公众舆论的主要工具之一。报纸的主要优点是，与杂志相比具有即时性，与电视相比具有经济性，而且便于保存。其局限性在于栏目多，不易引起读者的注意，一般读者只选取自己感兴趣的内容阅读，关于企业的信息可能被忽略过去。

2. 杂志

杂志具有专业性的特点，面向特定的读者群体。由于目标读者群相对固定和集中，企业在选择杂志作为公众沟通的渠道时也便于识别。和报纸比较起来，杂志在即时性方面具有局限性，但在信息容量、便于保存和查阅等方面具有优势。

3. 广播

广播覆盖面较大，是一种机动性新闻媒介，适合于运动着的听众，这是其他新闻媒体所不可比拟的。与电视相比，广播相对经济，且不受地点限制，听众可以在任何地方特别是室外收听，但它不如电视的受众多，内容也难以做到像电视那样丰富多彩。

4. 电视

电视将语言、文字、图像、声音融为一体，具有内容丰富、效果突出和受众人数多的优点，对观众具有强烈的影响，作为信息传播的媒介的作用日益增大，也更加受到企业的重视。但是，通过电视发布信息价格比较昂贵，发布时间比较短暂，竞争也更为激烈。

5. 互联网

互联网是增长速度最快的现代传播媒介，它具备了报纸、杂志、广播、电视等媒体的几乎所有功能。对于企业来说，通过互联网传递信息，具有可保存和经济性的特点，日益受到更多的企业的青睐，正在发挥着巨大的难以替代的作用。

（二）企业处理与新闻媒体关系的原则

1. 积极主动

企业应当把同媒体建立良好的关系作为企业发展的需要，并积极主动地与媒体建立经常性的接触关系，让媒体对企业多了解一些，对企业抱有好感，当企业需要媒体"帮助"的时候，使媒体能够及时地以公正、客观的立场来采访和报道。

2. 以礼相待

对待各类新闻媒体机构，态度要热情友好，尊重新闻人员的职业尊严，为他们的采访和调查工作提供帮助和必要的服，促使记者积极客观地报道事件，而不能随便将记者拒之门外，以各种借口阻挠、干涉新闻媒体的工作。

3. 以诚相待

为新闻媒体提供真实可靠的信息和材料，实事求是地对待宣传材料，既不能夸大事实，也不能掩盖真相，更不能违反职业道德，随意杜撰和制造假新闻。更不要对新闻媒体及其记者提出过分要求，以物质交换或其他利益冲突为条件要求记者、编辑写报道、消息。

4. 平等相待

这里有两方面的含义，其一是对各家前来采访的新闻机构和记者一视同仁，而不论其规模大小和名望高低；其二是要对那些曾经报道过本企业问题的新闻机构和记者，同曾经报道过本企业荣誉的新闻机构和记者一视同仁。平时应该和新闻媒体建立一些沟通网络，广结良缘。

5. 迅速及时

新闻的价值与传播速度是成正比例关系的，所以当新闻媒体采访时，要及时接待。同时对于企业工作中的失误的报道，如果情况属实，就要迅速改进。而且，同新闻媒体打交道，要有计划、有安排、有步骤地进行，有准备地为记者预备必要的文字材料和其他必要服务等。

（三）企业实现与新闻媒体沟通的途径

1. 新闻发布

新闻发布是企业将某一新闻事件送往新闻媒体由其发布，它可以通过多家新闻媒体发布，从而扩散给大众。企业以新闻事件的形式传递给公众的内容非常广泛，涉及企业生产经营的各个方面，时刻提醒和告知大众有关企业的动向，使企业在大众的心目占有一定地位，从而不断树立和强化的形象。

2. 记者招待会

记者招待会具有互动性特点，可以使记者们直接看到、听到他们想知道的东西，并可以当面向企业重要人物询问，获得一些新信息，核实一些正在传递的信息。对于企业而言，这是与新闻界沟通的极好机会，可以发布企业新的利好信息，消除可能存在的一些误解，在新闻界树立起良好的形象，建立与新闻界的良好关系。

3. 企业宣传

企业宣传是利用新闻媒体宣传企业的理念、经验和事迹等。主要方式之一是名人文章，包括企业经理人员亲自撰写的文章，或是知名人士根据对企业的考察撰写的关于企业生产经营的理念、经验的文章；之二是人物介绍，即介绍知名企业的知名企业家是如何领导企业走向成功的企业案例。

4. 制造新闻

制造新闻是企业故意通过一些吸引媒体关注的事件来引起公众注意，从而在公众中提高知名度的做法。如与重要组织联合举办研讨会借机宣传企业，利用法律纠纷引起公众的注意等，旨在引起众多媒体的关注，扩大企业的知名度和影响，可以节约宣传企业的费用。

> **小提示**
>
> 企业制造新闻要做到适度，避免弄巧成拙，因为知名度并不等于美誉度。

（四）正确对待媒体的批评报道

1. 报道属实时

如果报道属实，企业首先要感谢媒体的监督，坦诚地认识错误，然后采取积极有效的补救措施，用实际行动求得公众的谅解。在处理事件的过程中，企业应该保持与媒体的关系，及时通报情况，充分利用因报道而引起的公众对企业关注的时机，扩大自身的有利影响，变坏事为好事。

2. 报道失实时

如果报道失实，企业也应该首先肯定媒体的监督，然后心平气和地指出报道失实之处，邀请记者一起来参加调查和核实工作，并明确而婉转地提出予以更正的说明。这样做的好处是给媒体留下了一个回旋的余地，也树立了自己宽宏大量的企业形象，使媒体做出积极的回应。

> **小提示**
>
> 面对媒体企业新闻发言人要牢记的"七不要"：
> （1）不要说"无可奉告"。
> （2）不要作失真报道。
> （3）不要夸大或缩小危机情形。
> （4）不要臆测。
> （5）不要做主观臆断。
> （6）不要责备其他单位和人员。
> （7）不要和媒体发生冲突。

二、模拟演练

根据上述介绍的媒体关系管理知识,请讨论任务示例中的秘书马小姐应该如何改善目前她与记者们的关系?并假设一个情景进行模拟演练。

  课题强化训练

<训练1>

请分组讨论:秘书人员在企业与媒体的联络中一般要扮演什么角色?讨论后各组选出一名中心发言人在全班做小组发言,最后由老师做总结。

<训练2>

有许多企业单位,不注意处理与新闻媒体的关系,下面是他们的一些观点或看法,请讨论和辨析:

- 新闻就是拉广告
- 拉广告就是骗钱的
- 凡是有关新闻和广告的电话都应该一概不理
- 没有新闻同样可以赚钱

<训练3>

××报"职场"栏目拟出一期秘书专辑,记者找到××公司秘书初萌,希望初萌能够提供一些秘书工作的心得体会,以便采写稿件。初萌与这位记者并不熟悉,只是一面之交,但是出于职业习惯,二人交换了名片。初萌的工作十分忙碌,虽然如此,她还是爽快地答应了记者,并且按照记者的要求用心写了一份秘书工作心得体会交给了记者。专辑出来后,记者打电话感谢初萌并邀请她一起吃个便饭。虽然初萌委婉地拒绝了记者的邀请,但是两人的关系因此由一面之缘的陌生变得比较熟悉,初萌又多了一个朋友。

请讨论:这个案例给我们带来什么启示?

<训练4>

某报刊登了一则批评××饮料厂食品不卫生的新闻稿。稿件发表后,立即引起了用户强烈的反应,没几天,撤销合同金额达××余万元,饮料厂被迫停产2个月。而对于新闻媒体的监督与批评,该厂领导显得十分不冷静。他们没有认真检查自己方面导致舆论批评的事实和原因,反而以报纸严重失实(其实是某些言词不够确切严谨)为由,向区人民法院提出控告。作为企业法人代表的厂长,在诉讼词中指责报道多处失实,还认为这篇报道的产生是市防疫站监督人员挟私报复的结果。区法院受理此案,试图调解未果。法院经调查后判决饮料厂控告不能成立,原告败诉。该饮料厂向中级人民法院提出上诉,经调查确认,维持一审判决。

请讨论：该饲料厂面对媒体的做法是否合适？

 课题工具参考

××公司对外信息披露制度

一、总则

为规范统一对外信息传播活动，减少信息混乱和泄密，特制定本制度。

二、管理范围

1．凡经公司领导、部门认可的可供对外传播的信息，均可披露。公司责成公关部和信息部建立信息披露范围清单。

2．供披露的信息须经各级领导初审、终审后才可按确定口径、传播媒介、发布方式传播。

3．公司各密级的信息，未经特许和专门程序，不得对外发布。

三、披露管理程序

1．对外信息发布由公关部拟定计划或申请报告。

2．报经总经理审核批准。

3．通过一定渠道向外发布。

4．各部门向上级主管上报公司材料，按各部门管理程序办理。

四、来访接待

1．凡外面来访均由公关部接待和安排。

2．重大采访活动，公关部应自始至终陪同，详作记录或摄影、录像。

3．如有稿件发表，须在发表前由公关部及总经理阅稿，经同意才可播发。

五、其他情况

凡因公共传媒中有误导本公司的信息，均应立即发布正确信息予以澄清。

1．建立稳定、可靠、可控的信息披露渠道。

2．对非公开或有密级的信息，需要向外披露或失密，应采取对策，控制信息传播范围，减少损失。

3．信息披露要适时、适度、规范、有效、有分寸和恰到好处，不能过早、过晚、过度、过分。

六、附则

本制度由公关部解释、补充，经总经理批准颁行。

课题 21　零用现金管理

 课题任务示例

××公司办公室秘书小张,上月从财务科领到一笔本部门季度零用现金共 2 000 元,到月底要对上司汇报现金账,所有费用如下:3 月 8 日购买女职工慰问品用去 138 元;3 月 15 植树活动购置有关物品费 280 元;3 月 22 日接待××等职介中心负责人一行 8 人,招待茶点费为 689 元。

任务:

1. 请代秘书小张完成这笔零用现金账的填写。
2. 学会按照规定和程序管理零用现金。

 课题任务分析

办公室的零用现金管理,是指秘书人员对从财会部门取出的固定数额的、用于零星支出的小额现金的管理。企业日常有为数众多的零星支出,不方便一一签发支票,所以秘书人员手中应当有一笔零用现金,以应对不时之需。

这个示例情景中,秘书小张由于按规定领取了一定数额的零用现金备用,所以在日常工作中,每当有一些小额支出时就非常方便,当然,对于每笔支出都要及时记录上账,便于报销和零用现金的周转。

 课题任务解决

一、基本知识

(一)零用现金的管理

1. 领取保存

零用现金必须经企业领导和财务负责人批准后方能领取和使用。根据办公室每月的平均开销,一般领到的零用现金数量是几百元至上千元。秘书人员应该将现金存放在保险箱内,放在安全的地方。秘书人员要严格遵守办公程序和财务制度,不得自己或借用他人名义建立办公室的"小金库"。

> **小提示**
>
> 秘书人员留存的零用现金以满足本部门日常需要为宜,过少会影响办事效率,过多又不安全。

2. 支付范围

零用现金常用于支付下列项目支出：

（1）支付本市的交通费及停车费。

（2）支付邮资费。

（3）支付少量的办公用品费用。

（4）支付接待用茶点费。

（5）支付小额的通讯费用。

（6）其他公司规定列入办公室费用的开支等。

3. 建立账簿

秘书人员必须建立一本零用现金账簿，清楚注明收到现金的日期、收据编号、金额；支出现金的日期、用途；零用现金凭单编号、金额、余额等。每当支出一笔现金，秘书人员均应当及时在零用现金账簿上作出记录，填写要客观、详实。

4. 规范使用

内部工作人员领取零用现金时，应该填写零用现金领用凭单，提交花销的项目和用途、日期、金额。秘书人员要认真核对零用现金领用凭单，验明凭单上的行政主管签字后，方可将现金给付领用者。

（二）零用现金的报销

当支出的费用累加到一定数额或到了月末，秘书人员应到财务部门报销，并将现金返还到零用现金箱中进行周转。

秘书人员到财务部门报销零用现金时，应该提交填好的零用现金领用凭单，给出花销数量和用于什么项目的细节；零用现金领用凭单要由上级主管亲笔签署表示批准；提交相应的发票作为花销的证据，发票上的内容应该与零用现金领用凭单完全一致，将发票等附在零用现金领用凭单后面。

> **小提示**
>
> 一般来讲，办公室零用现金只剩初始金额的 1/4 时，作为补充标准，以保持零用现金的充足。

（三）公务费用的报销

有些公务费用，例如上司出差到外地开会的交通费，不能从零用现金中支付，而需要直接到财务部门申请费用和报销结算。通常情况下工作步骤如下：

1. 申请

申请人提交费用申请报告或填写费用申请表，详细说明需要经费的人员、时间、用途、金额等情况，亲自签字，再经领导审核同意并签字。获得批准后将费

课题 21 零用现金管理

用申请报告或费用申请表提交财务部门，领取支票或现金借款，也可以先由申请人垫付。在工作中，无论是使用支票还是使用现金，都要向对方索取相应的发票，其填写的时间、项目、费用等应该与使用者实际用途相符。

2. 报销

工作结束，申请者应当将发票附在出差报销单后，并亲自签字提交出纳部门，由出纳部门把先前领取的现金和支出情况进行结算。如果是先由申请人垫付的，在提交票据和报销凭单后，方可返还现金。如果计划的费用不够，需要超出时，应当提前向有关领导报告，在得到许可证和批准后，超出的部分才可以报销。

二、模拟演练

任务示例中的秘书小张要到财务部门报销本季度零用现金，根据上面介绍的零用现金管理知识，模拟演练小张报销这笔零用现金的过程。

 课题强化训练

〈训练 1〉

小郑是××物业管理公司新招聘的办公室工作人员。某日，他受办公室主任委托到超市去购买一些笔记本及其他办公用品。小郑估计了一下需要近 200 元钱，可自己口袋里只有不足 100 元的零用钱，这时小郑犯愁了。

若他因此事咨询你，结合零用现金管理，你应当提供给他什么建议？

〈训练 2〉

下面是××公司经理给办公室秘书留下的一张便条：

便　条

小孔：

近期来了一批新员工，请列出到公司办公室报销零用现金取回款额时需要的手续，提醒他们在报销时多注意。

谢谢。

经理　赵××
5 月 20 日

请代秘书小孔完成经理交办的工作。

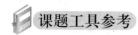

课题工具参考

××公司零用现金账簿（1）

项目名称	收入				支出			
时　　间								
收据编号								
金额（元）								
结余（元）								

××公司零用现金账簿（2）

序号	日期	发票号	用途	收入	支出	余额	备注

××公司零用现金领用凭单

日期：	编号：
付给：	金额：
项目和用途：	
审批人签名：	领款人签名：

××公司费用报销单

部门			日期		
事　由	数　量	单　位	单　价	金　额	
合计	拾　万　千　百　拾　元　角　分　￥				

课题 22　员工招聘管理

课题任务示例

小张今年毕业于××职业技术学院秘书专业，现在供职于××公司从事办公室综合事务性工作。最近公司要招聘几名新员工，经理让小张来负责这项工作。刚刚工作不久的小张有点迷惑：我不是负责人事工作的啊，怎么招聘员工的事让我负责呢？再有，自己对招聘员工的相关事务也不了解，这可怎么办？

任务：
1．请帮助小张解决一下他的迷惑和困难。
2．学会企业招聘员工事务的基本方法。

课题任务分析

招聘就是根据企业生存发展的用人需要和特定职位对人才的要求，通过各种方法手段吸引、选择、录用人才的活动。招聘是当今企业人事事务管理工作中的一项基础性工作，招聘的结果将直接影响到企业员工素质和人事结构，以至于影响到企业能否维持良性地运行。

这个示例情景中，小张的迷惑来自于他认为像招聘员工这样的人事工作不属于秘书工作的范畴，而且上学期间也未学过相关的知识。事实上，人事工作确实与秘书工作分属不同的范畴，但现代企业管理的实践告诉我们，其实在许多中小企业，限于人力等因素，秘书人员往往兼做人事工作，处理员工招聘事务是其中一项基础工作，小张应该具备基本的相关工作能力。

课题任务解决

一、基本知识

（一）分析用人岗位

在拟进行招聘新员工之前，企业的管理者必须分析用人岗位及其特征，如企业在哪些业务领域存在与对手的激烈竞争？由什么样的人来从事这些岗位的工作才更容易赢得竞争？对他们的自然条件、文化程度、技能经验等的要求是什么？用人岗位本身存在的价值以及与其他岗位之间的关系；用人岗位工作任务持续时间长短以及工作地点和环境因素；用人岗位工作人员的主要职责和享有权利等。

> **小提示**
>
> 企业在拟进行招聘时,还要考虑企业的性质、近期及远期的发展目标等问题。

(二) 编制招聘计划

企业在对人事招聘的相关问题进行认真思考之后,可以开始实际制定和编写招聘计划。招聘计划一般包括:

1. 有人员需求的岗位名称、职责、需求人数、任职要求等。
2. 确定招聘过程的负责人和分工。
3. 确定招考方案,包括考试方式、时间、地点、考务工作负责人等。
4. 确定招聘流程,各阶段时间表,要求尽量详细。
5. 确定招聘途径及信息发布渠道。
6. 制定招聘预算。
7. 如果公开招聘,要确定广告样稿,并设计好应聘人员登记表。

(三) 发布招聘信息

发布招聘信息的方式主要是通过各类媒体,因为各类媒体拥有相对广泛的受众群体,在大众媒体上发布信息,公开招聘条件,有利于招聘信息的广泛传播。

1. 通过各类报刊发布

在报纸或刊物上发布招聘信息,广告大小可以灵活选择,同时纸质媒体有可保存的优点,便于求职者查找。因此考察各类报刊的主要受众,有的放矢地投放招聘广告,宣传效果会比较好。但报刊版面上出现过多的招聘信息时,可能导致读者的忽视,影响广告效果。

2. 通过广播电视发布

广播电视拥有相对广泛的受众群体,尤其选择在黄金时段投放招聘广告容易吸引受众的注意。但是广播电视只能在有限的时间内播放广告,缺乏持久性,受众不易记录其有效信息。

3. 通过网络媒体发布

由于互联网影响逐渐扩大,许多企业选择在网上发布招聘信息。目前专业的招聘网站、各地区以及各大高校的就业信息网和用人企业自己的网站是网络招聘的首选。但是,网络媒体也有自身的缺陷,那就是这类招聘仅限于有上网条件的企业和求职者。

课题 22 员工招聘管理

> **小提示**
>
> 企业也可以通过参加专场招聘会或组织校园招聘会来招聘员工。在专场招聘会上，供求双方可直接交流，节省时间。但是参加招聘会之前要充分考察，选择与所招聘人才层次相符的招聘会，展位的设计和派出的招聘人员都应当能够代表企业的水准，这样才能招聘到合适的人才。对于想招聘应届大中专毕业生的企业可以选择参加校园招聘会，或在校园中张贴招聘广告，与学生直接交流。当企业需求高级管理人才或是高层次专业技术人员时，求助于有信誉的经验丰富的猎头公司也是明智的选择。

链 接

国内招聘网站

1. 站点名称：无忧工作网
网址：http://www.51job.com
是国内出众的招聘网站。

2. 站点名称：招聘网
网址：http://www.zhaopin.com
老牌招聘网站，信息偏向高层。

3. 站点名称：中华英才网
网址：http://www.chinahr.com
信息功能强大。

4. 站点名称：猎头人才网
网址：http://www.1ietou.com
资讯丰富。

5. 站点名称：中国人才热线
网址：http://www.cjol.com
功能齐全的面向全国的大型招聘网站。

6. 站点名称：思强人才网
网址：http://www.strongnet.com
提供人才服务的专业性网站。

7. 站点名称：华夏英才网
网址：http://www.hxyc.com.cn
北京招聘信息丰富。

8. 站点名称：国培人才

网址：http: //www.guopei.com

专业学校人才供应网站。

9. 站点名称：中国网桥人才

网址：http: //www.netbridge.com.cn

从事网上职业介绍的专业网站。

10. 站点名称：外语人才银行

网址：http: //www.jobbank.com.cn

中国人力资源网站群下属资源站点。

（四）筛选简历

企业在发布招聘信息后，往往会收到很多求职者发出的简历。筛选简历，找到合适的人来参加面试，是必不可少的环节。应聘者提供的清晰表达自己的简历、体现简明干练风格的简历、能适度表现自己的简历都是值得去面试其作者的。

> **小提示**
>
> 如果简历中存在如下的某些问题可以考虑排除：
> - 不符合职位的最基本要求。
> - 简历中存在明显编造痕迹的信息。
> - 表达不清楚或错误明显。

（五）组织面试

面试是招聘者与应聘者面对面进行直接交流的招聘方式。通过面试的直接沟通，对应聘者的职业能力和综合素质进行判断，同时也可以让应聘者更多地了解企业各方面的情况。常见的面试方式有：

1. 谈话与提问

这类面试以围绕对应聘者的提问为主要形式。通过提问和交谈使招聘的双方增进了解。一般情况下，提问与谈话的中心可以围绕以下几个方面进行：

（1）以往资历。此类提问在面试中最为常见，可以帮助招聘者了解应聘者以往工作能力、业绩和人生经历等，也可以由此类问题判断应聘者的经历中是否有伪造的成分。

（2）应聘职位。此类提问可以使招聘者了解应聘者对工作岗位的理解程度、工作规划、工作信心和工作态度等。

（3）相关能力。这类问题可以是开放式的话题，也可以描述一个简单的情景，借此了解应聘者的表达能力、判断能力、应变力和社会适应能力等。

2. 情景模拟测试

情景模拟测试是在规定的时间内，要求应聘者完成一项或几项模拟的实际任务。招聘者在观察应聘者处理实际问题的过程之后，可以对应聘者的实际工作能力以及相关的素质做出鉴定。一般情况下，实务性工作都可以用相应的模拟情景来体现，招聘者可以根据具体岗位的不同来设计考题。

3. 心理测试

如果企业条件允许可以委托专业的心理学研究咨询机构对应聘者能力倾向、人格、兴趣等方面进行测试。专业心理测试能将人的各项心理学指标数量化，具有一定的客观性。

（六）办理录用手续

1. 发送录用通知

对于最终决定录用者，应该及时向其发出录用通知，从尊重求职者的努力和维护公司形象出发，最好发出一份正式的书面通知。在通知书中，要写清楚什么时候开始报到，在什么地方报到，并附录如何抵达报到地点的详细说明和其他应该说明的信息，同时不要忘记对新员工加入的欢迎。

2. 办理录用手续

企业招用员工，应当向当地劳动人事行政主管部门办理录用手续，即向劳动人事行政主管部门报送员工登记表，经主管部门审查同意，并加盖同意录用的印章。登记表填写的内容包括职工姓名、年龄、性别、民族、籍贯、文化程度、政治面貌、个人简历、考核结果、企业录用意见等。

3. 签订劳动合同

所有通过招聘方式进入企业的新职员，都必须同企业签订劳动合同。劳动合同内容可分为法定内容和商定内容两部分，前者包括劳动合同期限、工作内容、劳动保护和劳动条件、劳动报酬、劳动纪律、劳动合同终止的条件、违反劳动合同的责任等；后者指员工和企业之间根据双方的具体情况协商确定的条款。

 课题强化训练

<训练1>
请帮助任务示例中的秘书小张编制一份本次招聘计划，具体内容可以合理虚拟。
<训练2>
请帮助任务示例中的秘书小张设计一份面试工作安排，具体内容可以合理虚拟。

<训练 3>

假设你所在学校的学生会宣传部拟在全校范围内招聘两名懂美术设计的同学来充实宣传队伍,请你设计一份招聘启事,其他条件可以根据实际酌情虚拟。

<训练 4>

××化妆品公司的员工一般都在车间工作。每当出现空缺职位时,工厂经理就招聘所需要的人员,然后将人员招聘的结果通知部门主管。

通常,该工厂经理会亲自与应聘人员进行面谈,大概短暂的几分钟面谈之后,经理就得出对应聘者的判断,据此选聘员工。在这个简短的会谈之前,公司秘书对候选人的经历、受教育程度等进行审查,并通过证明人核查情况是否属实。

应聘者经聘用后,先到工厂去填写申请表和进行简单的身体检查,然后就会得到所分配的工作。工作指示仅持续几分钟时间,新员工无论何时遇到困难,都会得到一些指导和帮助。

××公司员工的流动程度超过该行业的平均水平,每个月都有一部分员工辞职。他们中的一些是由于不能适应其工作环境,而另一些则是因为不能满足工作标准。

由于公司一直在盈利,工厂经理或公司主管不必为了人员流动问题而烦恼。但是,公司经理完全意识到所存在的人员流动问题。

请思考:你认为在该公司中人员流动与企业的招聘方法之间是否存在联系?你对其在改进招聘程序方面有何建议?

<训练 5>

项目情景:

××公司是一家专营奶粉的企业,随着生产规模的扩大,公司原技术部经理被调往公司总部委以重任,于是经理一职空缺,挑选技术部经理便成了企业的当务之急。

××公司人力资源部很快拟定出技术部经理的招聘简章,对应聘者提出如下要求:

1. 大学本科以上学历
2. 年龄 35~45 岁
3. 能熟练地掌握英语听、说、写的能力
4. 能熟练地运用电脑
5. 具有相关工作经历

在几天后的一次人才招聘会上,××公司设摊参与了招聘,并把公司的招聘简章张贴出来。

很快,该公司所设摊点前围满了求职者,收到了大量的求职简历,招聘会结束后,人事部门开始对这些简历进行初步的筛选,并拟出了面试者名单。

课题 22　员工招聘管理

在面试的过程中，××公司首先让应聘人员用英语作一番自我介绍，接着又要求应聘者谈谈对现代企业技术管理的看法。

面试结束后，人事部门对面试的结果进行评审，打算从中挑选出最合适的人选。但公司很快就发现很难做出最后的抉择，似乎每个被面试者的优势都非常突出，同时每个被面试者又都有其不足之处。然而技术部经理的职位只有一个，到底录用谁，这让公司管理层颇感为难。

陈某，42岁，大学毕业后一直搞设备管理和技术研究工作，勤于钻研，曾参与和主持了几项较大的节能技术改进，担任过工厂厂长，属于技术专家型领导，对技术研究业务非常熟悉，工作态度严谨，但为人严肃，一贯不苟言笑。在面试时，针对××公司提出的如何管理好下属这方面没有提出独到的见解。他习惯于向下属布置工作，在与属下的沟通方面似乎有所欠缺。通过侧面了解，过去陈某的属下曾评价他"业务熟练，但缺少人情味"。

林某，44岁，在基层工作多年，他思维非常活跃，点子很多，善于与同时及属下进行沟通与交流，在调动员工积极性方面很有研究，过去的员工普遍反映他"很会笼络人"。但他的不足之处是技术理论知识根基不厚，没有独立进行技术研究的能力。

袁某，35岁，硕士研究生，在多家外资企业呆过，脑子十分聪明，接受新事物的能力很强，有强烈的求知欲，且在科研方面颇有见地。通过面试，得知他过去跳槽的原因是看不惯能力不及自己的人，什么事都想一个人包揽。

现代社会科技发展日新月异，企业要在激烈的市场竞争中取胜，离不开技术部门的支持，技术部门经理的人选成为非常重要的一环。××公司在最后的录用也是慎之又慎。公司的上层领导准备专门开一次会议，大家一起来商量到底选择谁来做企业的技术部经理。

实训要求：

（1）如果你是××公司上层管理人员，面对摆在面前的3份求职简历，你将如何做出选择？请说明你的理由。

（2）请联系所学的知识，列出你认为比较可行的技术部经理招聘及面试计划，计划要求详细，并说明通过这样的面试想要测试应聘人员哪些方面的素质，要求具有可操作性。

（3）所有操作均在电脑上完成，并打印，装订成册，要求条理清晰，意义明确。

<训练6>

请同学们在老师的指导下，自编情节，扮演角色，分组演练招聘面试（谈话与提问）的场景，然后分别对各组的演练进行点评。

课题工具参考

××公司应聘人员登记表

应聘岗位：				
应聘人员基本信息				
姓名：	民族：		出生地：	一寸免冠照片
性别：	血型：			
出生日期：	身份证号：			
政治面貌：				
婚姻状况：　　未婚　　已婚　　丧偶　　离异　　其他				
户口类型：城镇户口　农村户口			户口所在地：	
档案所在地：			是否在本公司工作过：	
能否与原单位解除劳动关系：			档案关系能否顺利调出：	
联系电话：			手机：	
E-mail：				
现住址：				邮编：
目前是否与原单位存在竞争禁止协议：有，会履行协议；没有				
有无亲属在本公司（如有隐瞒一经发现解除劳动关系）：			亲属姓名：　　　　所在部门： 与本人关系：	
学历（从高中以后填起）					
入学时间	毕业时间	所在院校	所学专业	学历	学位

工作经历						
起始时间	终止时间	工作单位	职务	证明人	证明人与本人关系	联系方式

社会关系（仅限父母、配偶、子女）			
与本人关系	姓名	工作单位	联系方式

个人要求：（薪酬待遇、工作内容等）

本人保证以上内容属实　　　　　　　　签名：

　　　　　　　　　　　　　　　　　　日期：

××公司面试情况记录表

姓　　名：		性　　别：		编　　号：	
应聘职位：					
评分等级：优秀 5 分　良好 4 分　合格 3 分　不及格 2 分或 1 分					
项　　目		面试评分		评　语	
求职动机					
责任和义务					
所需技能					
外貌仪表					
礼貌态度					
气质谈吐					
应变能力					
自信程度					
工作经验					
交际能力					
判断力					
工作知识					
外语能力					
其他知识					
精力状况					
总分合计					
总　　评：应聘者的优势和局限					
面试意见：（　）推荐；（　）存入人才库；（　）不接受					
主考人员签字：					

××公司
录用通知书

×××先生/女士：

　　对于您应聘本公司行政秘书职位一事，经复审结果，决定录用。

　　请于 2009 年 12 月 16 日（周三）上午 9 时 30 分携带下列物品、文件、到本公司人事部报到。

　　（1）居民身份证；

　　（2）体检表；

　　（3）学历证件；

　　（4）保证书及服务志愿书。

按本公司的规定，新近员工必须先行试用三个月，试用期期间暂支月薪1 000元。

报到后，本公司会在愉快的气氛中，为您做职前介绍，包括让您知道本公司一切人事制度、福利、服务守则及其他注意事项，使您在本公司工作期间感到愉快。如果你有什么疑惑或困难，请与人事部联系。电话：××××××××

　　致

礼

××××公司人事部

（公章）

2009年12月10日

课题 23　日常用车管理

 课题任务示例

××公司李总最近一连接到好几个人告状,说是出去办事没车可用,因此误了公司的大事。按理说,公司共有大小车辆 30 台,中层以上干部用车应该没有问题。为这事,李总找来了办公室刘主任,还发了一通脾气。原来,办公室在管理用车方面处于无序状态,谁用车打个电话、打声招呼就行,根本不用履行什么手续。这回刘主任坐不住了……

任务:
1. 假如你是办公室刘主任,你应该如何做好今后的用车管理?
2. 学会办公车辆日常调度的方法及相关用车制度的制定。

 课题任务分析

车辆是企业生产、经营、管理及企业人员工作和生活中不可缺少的物质条件。企业的日常用车管理,要在建立严密的车辆管理制度的前提下,保证工作用车随叫随到,车况良好,服务周到。同时,车辆安全管理也是企业车辆管理的重要组成部分,其主要任务是广泛开展安全宣传教育,树立安全第一的思想;制定和落实车辆安全管理制度,做好车辆安全设施的维护,防止和杜绝各种事故的发生。

这个示例情景中,由于办公室在用车方面缺乏必要的制度规范,没有科学的程序管理,无序化也就在所难免了,所以尽管大小车辆不少,但总是满足不了正常的用车需要。因此,必须建立起用车管理的各项规章制度,严格履行用车手续,保证公务用车的需要。办公室一般作为企业用车的管理或协助管理部门,秘书人员应当熟悉日常用车管理的内容。

 课题任务解决

一、基本知识

(一)车辆管理的对象

企业内部车辆的管理对象会依其规模、行业、使用地域的不同而有很大的变化,总的来讲,和公司有关的车辆都应当成为管理的对象。一般来说,企业内部车辆管理的对象大致包括公司车、租用车、职员自用车、职员私家车。

（二）车辆管理的制度

企业应当制定严格、科学的车辆使用和管理制度，使车辆的使用和管理有章可循。制定车辆管理和使用制度要注意：

1. 依据政策、切实可行

企业要按照企业用车配备使用的政策规定，从本企业实有车辆的数目、运输任务的大小、人员组成的结构等实际出发，制定出切实可行的车辆使用管理制度，对用车范围、对象等作出明确的规定。

2. 统筹兼顾、保证重点

车辆管理和使用制度，必须充分考虑客观实际，除了明确规定车辆使用范围和对象外，还应该明确车辆调度安排的原则，即哪些用车必须绝对保证，哪些用车酌情安排。另对用车中的急缓先后、私人用车等都应该有明确规定。

3. 勤俭节约、清正廉洁

从领导到一般工作人员，凡是能乘坐公共汽车的，就不要求派车；凡是有班车的，就不要求单独派车；办私事不用公车等。尽量节约开支，避免因为管理和使用不好造成浪费。

（三）车辆调度的方法

车辆调度是指根据本企业的车辆使用管理规定和当天的用车量大小，包括乘车人数、次数、行车路线和急缓程度，有计划地安排使用车辆。调度工作做好了，就可以充分发挥车辆的使用效益，最大限度地满足各方面的用车要求。

1. 车辆调度的原则

（1）原则性。车辆调度首先要坚持原则，坚持按制度办事，如什么事可以派车，什么事不能派车，什么人可以派车，什么人不能派车等，秉公办事，不徇私情。

（2）科学性。车辆调度要熟悉和掌握本企业车辆使用的特点和规律，要熟悉工作部署，统筹安排，有预见性，有计划性。

（3）合理性。车辆调度要按照用车的行驶方向，选择最佳的行驶路线，不跑弯路，不绕道行驶，一条线路上不重复派车，一般情况下要留有备用车辆。

（4）灵活性。车辆调度也要考虑到对于制度没有明确规定而确实需要用车的情况，尤其是紧急用车情况，要从实际出发，灵活恰当地处理，不能误时误事。

2. 车辆调度的程序

（1）做好用车预约。用车预约是保证车辆调度科学合理的前提，使每日的用车情况能够心中有数，并做好预约车辆登记。

> **小提示**
>
> 一般来讲,预约用车要做到:
> - 当班用车 1 小时前预约;
> - 下午用车上午预约;
> - 次日用车当日预约;
> - 夜间用车下班前预约;
> - 集体活动用车两天或三天前预约;
> - 长途用车三天或一周前预约等。

(2)做好派车计划。根据掌握的用车时间、等车地点、乘车人单位、乘车人姓名、乘车人数、行车路线等情况,作出计划安排,并将执行任务的司机姓名、车号、出车地点等告知司机本人。

(3)做好解释工作。对于因故未能安排上车辆,或变更出车时间的用户应当及时说明情况,做好解释工作,以减少误会,避免造成误车、误事情况的发生。

(四)车辆安全的管理

1. 开展安全宣传教育

企业要经常向全体人员宣传和定期组织学习国家安全法规,定期地进行预防事故教育,牢固树立安全第一的观念和预防事故的高度责任感。其中对司机的安全行车教育与管理是重点内容。

(1)牢记安全意识。要教育司机在头脑中树立安全第一的思想,牢记安全意识,要有对国家、企业财产和人民生命高度负责的精神,时刻把安全工作放在第一位。

(2)遵守交通规则。要教育司机熟悉并自觉遵守交通规则,自觉做到思想集中不麻痹,谨慎行车不急躁,中速行车不冒险,礼让三先不抢道。特别要教育司机做到"三不开":不开"斗气"车;不开"英雄"车;不开酒后车。

(3)保持车辆安全状态。要教育司机时刻保持车辆的完好状态,对车辆要勤检查,发现隐患要及时处理,做到各部件牢固、灵敏,尤其是制动、转向部分,必须可靠、有效。

(4)提高车辆驾驶技术。要教育司机不断地提高自身的驾驶技术,能够掌握所驾车辆的性能和技术状况,掌握各种道路、气候及季节对安全可能产生的影响,掌握车辆行驶过程中的动态,正确判断可能发生的情况并能采取相应的安全措施。

2. 制定安全管理制度

企业应当建立完备的车辆安全管理的制度,使车辆安全管理工作能够做到有

"法"可依。从大的方面讲，一般包括车辆管理安全岗位责任制度、车辆安全检查制度、车辆安全奖惩制度和车辆安全事故处理制度。

（1）制定安全岗位责任制度。通过制定安全岗位责任制，分别规定车队队长、司机等有关人员的安全职责范围和应负的安全责任，以及相应的奖罚条例。安全岗位责任制报上一级主管部门审批，由审批部门定期检查。车队内部也应规定相应的检查制度。

（2）建立车辆安全检查制度。通过建立严格的车辆安全检查制度，对车辆坚持出车前、行驶中、返回后的"三检查"。还需要建立由车队领导、经验丰富的司机和维修人员组成的安全技术鉴定小组，对短途车辆定期检查，对长途车辆出车前检查，对每次安全技术检查的结果应当建立档案。

（3）建立车辆安全奖惩制度。通过建立有效的车辆安全奖惩制度，努力做到防患于未然。制定奖惩制度应当坚持行政手段和经济手段并用，奖惩与个人经济效益挂钩的原则。

> **小提示**
>
> 安全奖励制度的大体做法：
> - 定车辆安全行驶公里，达到一定数额，给予相应的安全补贴或奖励，超定额的多超多补。
> - 规定车辆安全行驶公里的起点数，超过起点数的 1/3，加发一定的安全奖。
> - 以 500 公里为司机的月安全行驶定额，达到定额的发工资，超过的按比例提奖。

（4）制定安全事故处理制度。通过制定事故处理制度，使司机能够按照交通法规和事故处理程序，正确处理事故。如发生事故后，司机要立即停车，抢救受伤人员及其他重要物资，要保护现场，立即报案，听候处理，协同交通管理部门妥善处理等。

3. 车辆安全设施的维护

车辆安全设施的要害部门主要是车辆、燃料库、出库、维修间。车辆安全设施必须有专人管理，定期进行检查、维护和更新，保持完好，并且应当建立各种设备的登记卡片，注明设备的装置时间、检修更新情况、使用方法等。其中车辆以防机械事故为主，燃料库以防火防爆为主，车库和维修间以防火防盗为主。

二、模拟演练

根据上面介绍的日常用车管理知识，请就任务示例中的××公司用车情况进行讨论，提出改进措施，并代其拟制一份公司用车规定。

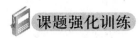

<训练1>

假如你是××公司的秘书,你的好朋友小李是公司的一名专职司机,你们在同一个部门。一次,你发现小李在节日没经过上司的批准私自使用公司的车,对公司的派车工作产生了不好的影响。如果你及时报告了上司,可能会受到嘉奖,然而如果这么做了,你将损失一位挚友,因为小李会被辞退。相反,如果你帮小李隐瞒了事实,那么他将会犯同样的错误,同时你将对不起器重自己的公司和上司。

请思考:这时你该怎么做?

<训练2>

××企业办公室秘书小周星期日值班,下午 5 时,接了一个紧急电话,说公司的一辆面包车与一辆大卡车相撞,面包车的司机及车内 3 人重伤,车损严重,不能开动,特请求公司急速处理。小周做好了电话记录后,先给出事现场附近的分公司打电话,请他们派人去保护现场,并妥善保护好伤员;接着给 120 打电话请他们立即派救护车去现场抢救伤员;然后又给 122 打电话请他们立即派人去现场处理事故;最后又打电话给公司领导汇报了上述情况。小周自以为事情已经办好,他看了一下表已经 6 点多了,就轻松地下班回家了。

请思考:秘书小周对这起交通事故处理得怎样?

<训练3>

请分组模拟演练公司派车的过程。

要求:(1)虚拟××部门用车任务;

(2)编制并填写用车申请表、派车单等;

(3)分角色演练申请过程;

(4)师生共同点评;

(5)由老师做总结。

<训练4>

请到你所在学校的办公室,咨询和考察校办是如何进行日常车辆的调度管理的?如发现不尽完善之处,向有关人员提出合理化建议。

<训练5>

请查阅和参考相关资料,以××公司为背景,为其拟制一份通勤车日常使用规定。

<训练6>

假设你是××公司的办公室秘书人员,上司责成你为新聘来的两位司机进行车辆安全方面的教育和培训。

请思考:你将着重培训哪些内容?你将采取哪些有效的培训方法?

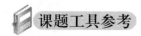 课题工具参考

××公司用车规定

第一条 为了更好地保障公司业务工作顺利开展,由办公室统一管理安排公司正常的业务用车(独立核算的子公司除外)。

第二条 首先保证公司领导和各部门领导日常工作和外事活动用车,其次是普通员工。原则上不提供私人用车,如遇特殊情况需经办公室领导批准方可使用。

第三条 用车必须提前一天填写用车申请单,在时间冲突时,由办公室按任务的轻重缓急统一调整安排。除特殊情况一般不安排临时用车。

第四条 用车人应爱护车内设施,保持车内卫生,上下车时注意交通安全。

第五条 出市区执行任务需经公司领导批准。

第六条 各部门用车按1.50元/公里核算,由财务室摊入各部门经营成本。

××公司借车须知

1. 本单位员工因事急需,在不影响工作且条件允许的前提下可申请借用公务汽车。
2. 借用车辆必须在当天下班前回收,不得在外过夜。
3. 借用人可以自行申请具有合格驾照的司机担任驾驶。
4. 借用时间内车辆故障或损坏,借用人应负责修理费用或赔偿。
5. 借用时间内车辆及人员违反交通规则或发生任何意外事故,概由借用人自行负责。
6. 用车人用车后三日内向总务处缴清油费。
7. 填写申请单一式两联,一联交总务处,一联交车辆配属部门备查。

××公司车辆登记表

使用人姓名		驾驶员姓名			
牌照号码		车　名			
车身号码		车　型			
购车日期		初检日期			
复检日期					
保险记录	保险公司	保险证号码	保险期限	保险内容	
购置价格		经销商			
附属品		□收音机	□放音机	□热风	□冷风
驾驶员	住址		电话		
	住址		电话		

××公司车辆使用申请表

使用车辆预定起止时间	自 月 日 时 至 月 日 时	使用车辆实际起止时间	自 月 日 时 至 月 日 时
到达地点 （含经由）		到达地点 （含经由）	
任　务		任　务	
备　注		备　注	

申请部门：　　　　　　　　　　　　　　　年　月　日

××公司派车单

使用部门		随行人数	
起止点及时间			
事由			
车号		行车里程		行车时数	
管理部门	主管：　　经办人：	使用部门	主管：　　使用人：

××公司借车审批单

借用人	事　由	借用时间	预定行程	实际行程	驾驶人	准借车辆 （车型、牌号）
借车须知	1. 本单位员工因事急需，在不影响工作且条件允许的前提下可申请借用公务汽车。 2. 借用车辆必须在当天下班前回收，不得在外过夜。 3. 借用人可以自行申请具有合格驾照的司机担任驾驶。 4. 借用时间内车辆故障或损坏，借用人应负责修理费用或赔偿。 5. 借用时间内车辆及人员违反交通规则或发生任何意外事故，概由借用人自行负责。 6. 用车人用车后三日内向总务处缴清油费。 7. 申请单一式两联，一联交总务处，一联交车辆配属部门备查。					

总务处：　　　车辆主管：　　　借用人：　　　申请日期：

××公司车辆请修单

　　　　　　____年__月__日　　　　　　　　编号____

车号		里程数		责任人	
请修项目					
估计金额					
修理厂					
损坏原因					
审核意见					

主管：　　　　复核：　　　　管理员：　　　　请修人：

××公司车辆保养修理记录表

年 月 日			项目	金额	保养前路码表数	经手人（签章）	主管（签章）
合计							
本月费用			汽油金额		保养金额	修理金额	总计

××公司交通事故违规报告表

　　　　　　　　　　　　　　　　_____年____月____日

车号		司机	
事故地点			
发生时间			
详细情形			
原因分析			
附件名称			
处理			

主管：　　　　管理员：　　　　责任人：

××公司车辆事故报告表

年　月　日　　　　　　　　　报告者：　　科　　　签章

发生时间	年　月　日上午・下午　时　分		
事故种类	1. 人车相撞(轻伤　住院　重伤　病危　死亡) 2. 车辆本身(颠覆　冲撞　冲出路外　零件损坏　其他) 3. 车辆相撞(擦撞　追撞　冲撞　其他)		
发生地点			
事故原因			
事故情况			
共乘者		现场概图　　见证人	
当　事　人		对　方	
姓　名		姓　名	
单　位		公司名	
本人地址		本人地址	
联络处		公司地址	
车种　年份		车种　年份	
车牌号码		车牌号码	
驾照号码		驾照号码	
保险公司		保险公司	
保险单号码		保险单号码	
损失额明细		损失额明细	
损失部分		损失部分	
备　注			

课题 24 日常消防管理

 课题任务示例

××制鞋厂是一家私营企业,有从业人员 100 多人。鞋厂老板为了所谓"安全原因",将员工宿舍的窗户全部用铁条封上,并且每天晚上职工休息后,都让人用一把大锁将宿舍的门从外面反锁。一天晚上,一名女工用电热水器烧水,由于白天过度疲劳,水未烧开该女工就睡着了,结果造成电路短路起火。由于宿舍内可燃物多,火势蔓延迅速。工人惊醒后想逃生,但窗户封死,大门从外面反锁,根本无路可逃,致使 80 多名工人全部被烧死,其中绝大部分是年仅 20 岁左右的打工妹。大火还造成直接经济损失 200 多万元。

任务:
1. 请讨论这次事故在消防安全问题上留给我们的深刻教训。
2. 学会拟制消防安全制度、组织消防安全培训、开展消防检查等事务。

 课题任务分析

消防安全处在企业安全管理的首要位置,稍有不慎,酿成火灾,就可能对企业和员工的生命财产造成重大损失。所以,企业消防安全管理必须加强制度建设,组建有效机构,以预防为主,开展安全教育,勤于安全检查,防患于未然。

这个示例情景中,××制鞋厂为了某种所谓的"安全"而置消防安全于不顾,置员工的生命安全于不顾,正是其在消防安全意识上的无知、麻痹和消防安全管理上的无为、漏洞,导致了重大的人身伤亡事故的发生。秘书人员作为综合辅助的"管家婆",协助消防安全事务管理义不容辞。

 课题任务解决

一、基本知识

(一)制定消防安全制度

消防安全事务管理是一项责任性非常强的工作,企业必须根据国家相关的消防法规精神和自身环境条件,并结合企业的实际情况,制定完善的消防安全管理制度,来约束和规范消防管理人员和员工的日常行为,形成一个专管成线、群管成网、处处有人管、事事有人负责的制度网,避免安全事故的发生。

1. 消防安全管理总则

在消防安全管理总则中，应当明确规定消防安全管理制度的总目的、使用范围和消防安全的指导方针，明确规定企业消防安全工作的管理体制和组织领导体系、管理内容、程序和方式方法等，如逐级防火责任制和部门防火责任制、岗位防火责任制、全企业的综合消防管理制度、重点部位消防安全制度等。

2. 消防安全管理制度

（1）消防安全管理岗位责任制度。根据消防工作"谁主管，谁负责"的原则，建立各级领导负责的逐级消防岗位责任制，上至企业经理，下至消防员和普通员工，都对消防负有一定责任。

（2）消防管理值班制度。这项制度包括值班员工工作职责和要求、交接班制度、定时巡视、发现火险隐患的处理程序、消防设备和设施的定期检查与保养制度等内容。

（3）消防档案管理制度。企业要建立防火档案，对火险隐患、消防设备状况（位置、功能、状态等）、重点消防部位与目标、前期消防工作概况等要记录在案，以备随时查阅。还要根据档案记载的前期消防工作概况，定期进行研究，不断提高防火、灭火的水平和效果。

3. 消防安全管理规定

企业消防安全管理规定是指从预防的角度出发，对易引起火灾的各种行为作出规定，以杜绝火灾隐患。主要有消防设施与设备的使用、维护、管理规定；公共通道、楼梯、出口等部位的管理规定；房屋修缮和装修中明火使用规定；电气设备安全使用规定；易燃、易爆物品的安全存放、储运规定等。

（二）健全消防安全网络

各单位消防安全的组织机构与一般其他的组织与机构有所不同，一般不设专职的消防机构和防火安全员，由相应的人员兼职负责，建立健全安全防火网络。

1. 设立防火责任人

通常本企业的消防责任人由企业总负责人担任，分公司消防责任人按有关要求由部门行政主要领导担任，履行以下职责：

（1）贯彻上级的消防工作指示，严格执行消防法规。

（2）将消防工作列入议事日程，做到与生产经营同计划、同布置、同检查、同总结、同评比。

（3）执行防火安全制度，依法纠正违章行为。

（4）协助公安机关调查火灾原因，提出处理意见。

2. 成立消防安全领导小组

负责本企业的消防安全工作，履行以下职责：

（1）处理本企业消防安全工作。

（2）制定本企业的消防安全制度。

（3）组织消防安全检查，主持整改火险与事故隐患。

（4）组织交流经验，评比表彰先进。

3. 设立兼职消防安全员

在各生产班组和要害工作部位设立兼职消防安全员，在消防安全领导小组领导下，落实本工作部门的防火安全措施。

4. 建立义务消防队

义务消防队接受消防安全领导小组的指挥调动，认真履行消防职责，以防在万一发生火灾而专业消防队未到达前，能起到控制火势蔓延或把火扑灭在初起阶段的作用。

（三）进行消防安全教育

消防安全教育是消防安全管理的一项内容，是保证企业消防安全的重要手段。在进行消防安全事务管理时，首要任务是向员工宣传火灾的危害性、消防的重要性及消防的基本知识，增强各级各类人员的消防意识，提高本企业预防火灾、抵御火灾的整体能力。

1. 消防安全教育的内容

（1）增强消防意识。通过对国家相关的安全方针和政策、消防法规、规章制度、劳动纪律等的宣传，增强个人的消防意识和社会责任感，使企业的每一个员工对待消防安全都能够做到"警钟长鸣，常抓不懈"。还可以通过防火先进事迹和案例等进行形象化的教育。

（2）普及消防知识。包括一般性的消防常识教育，如发生火险的条件等；专业性消防技术知识教育，如从事压力容器、油漆等作业所需的专门消防安全技术知识；同时要经常给员工介绍和讲解防火知识、灭火知识和紧急情况下的疏散与救护知识，如明火使用要求、各类灭火器材的正确使用方法、火险发生时如何报警、火势蔓延时怎样有序地疏散与自救或等。

（3）培训消防技能。即必须把消防安全知识转化为实际的作业本领，不但要"知道"，还要"会做"，这包括正常作业的消防安全技能培训和异常情况的处理技能培训，而且主要应该在实际操作中去进行，使培训对象掌握安全操作和应对异情的技能。

> **小提示**
>
> 救火时应当特别注意的事项如下：
> - 油类或电线失火，应用砂或地毯等物扑灭，切勿用水灌救。
> - 衣服着火，立即在地上打滚，较易扑灭。
> - 先救人，后抢物。抢救物品时，应先抢救账册、凭证及重要文件或贵重物品。
> - 在火烟中抢救，应用湿手巾掩着口鼻。
> - 如火焰封住出路口，应利用绳索或电线等物从窗口逃生。

2. 消防安全教育的类型

（1）对管理人员的教育。不论是哪种职位的管理人员，都应该接受安全方针、政策、消防法规、规章制度、消防安全技术知识和消防安全管理知识的教育，使之提高认识，增强责任感和自觉性；懂得消防基本知识和安全管理方法，重视安全生产，做好安全管理工作；积极支持有关职能部门的工作，为改善消防安全条件提供资源；以身作则，为下级员工树立榜样。另外，还应该按照干部所负责的责任和工作范围，接受某种专门的系统教育。

（2）对普通员工的教育。新员工要接受三级教育，即厂级、车间和岗位（工段、班组）安全教育。厂和车间层的教育，主要是安全方针、政策、法规、规章制度、消防安全技术知识，以及厂与车间的生产安全状况、危险场所、设备和普遍应该注意的消防安全问题。特种作业工必须经过专门培训，并经考试合格持证上岗。复工、调岗工人也应该进行相应的安全教育，一般可参照三级安全教育和特种作业教育进行安排。

3. 消防安全教育的方法

消防安全教育方法要灵活多样，力求生动形象，避免空洞说教。常用的方式方法有：短训班、讲座、座谈、广播、黑板报、标语、宣传画、安全简报、个别谈话、班前班后会、看电影录像、参观展览、事故现场分析会、开展安全竞赛评比和安全活动日（周、月）等，还可以组织消防演练。

> **小提示**
>
> 遇上火灾时如何逃生？
> - 熟悉环境 暗记出口
> - 保持冷静 寻路逃生
> - 毛巾妙用 过滤烟素
> - 明辨方向 逃离火场
> - 既已逃生 勿念财物
> - 借助器材 火口脱险

（四）开展消防安全检查

企业应该开展多种形式的消防安全检查，通过开展消防安全检查，及时发现火灾隐患，分析隐患产生的原因，有针对性地进行整改以消除隐患；同时，督促各级、各部门、各类人员严格执行消防安全制度，加强对消防安全工作的管理和指导。

1. 消防安全检查的内容

消防安全检查的内容主要包括：

（1）安全装置检查。如检查危险物品液位警报器是否灵敏。

（2）消防设备检查。如检查消火栓开关是否维护良好。

（3）电器设备安全检查。如检查电器设备缆线绝缘层是否有破损。

（4）机械设备安全检查。如检查压力容器是否按章定期检测。

（5）危险物品安全检查。如检查危险物排放是否与一般排水分离。

（6）救护器具检查。如检查急救器材是否随时可供使用。

（7）环境安全检查。如检查过道、楼梯等处是否有无序堆放的物品阻碍通行。

（8）安全卫生管理检查。如检查是否定期举办灭火学习。

> **小提示**
>
> 消防设备检查项目：
> - 室外消火栓试放水压是否合乎标准。
> - 消火栓开关是否维护良好。
> - 水带箱内装备是否齐全。
> - 消防水带是否保持干净正常。
> - 消防设备是否有明显标示，并容易取用。
> - 消防器材室是否不易被火灾波及。
> - 消防器材室是否离可能的失火场所太远。
> - 火警警报器是否正常。
> - 车辆是否按规定备有消防器材。
> - 消防器材是否失效。
> - 灭火器是否查卡检查记录是否坚持良好。
> - 灭火器是否坚持在指定地点挂置。
> - 消防器材周围是否有阻碍物堵塞。

2. 消防安全检查的形式

消防安全检查的形式主要有：

（1）日常性检查。即经常的、普遍的检查，每年要进行若干次，车间、科室每月至少一次，班组每周、每班次都应该进行检查。专职消防干部的日常检查应该有计划地针对重点部位进行周期性的检查。

（2）季节性检查。要针对历年各季节火险发生规律有的放矢地进行检查。这种检查可在季节来临之前进行预防性检查或在季节中进行控制性检查。

（3）专业性检查。即由有关职能部门组成专业检查组针对特种作业、特殊场所进行检查，如对用电用火设备、压力容器、房屋建筑、易燃易爆物品存放处所等进行检查。

二、模拟演练

根据上述介绍的日常消防管理知识，以任务示例为反面教材，组织一次班级消防安全教育主题班会，并模拟演练消防报警等日常消防方法。

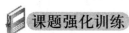

<训练 1>
请组织一次消防演练，可以自行组织，也可以请专业的消防队员来开展演练。
<训练 2>
请讨论分析公司内哪些场所/地点应当设置疏散指示标志、紧急照明装置和必要的消防设施。
<训练 3>
请为××公司设计和编制一份消防知识培训计划。
<训练 4>
请以班级为单位，结合学习和生活的实际，编制一份班级消防知识手册。

××公司消防器械检查记录表

填写日期：　　年　　月　　日

编号	检查结果	编号	检查结果	编号	检查结果

	续表
异常处理对策	
检查结果说明	

部门负责人：　　　　　　　　　　　　检查员：

××公司消防设备检修报告表

编号：　　　　　　　　　　　　　　　　年　月　日

检修部门		检修设备	
检修原因			
检修情况及结果说明			
更换品种及数量			
备　　注		检修人	

检修人员：　　　　　　　　　　　　　消防主管：

消防宣传标语一束

消防工作　人人有责

火灾无情　防火先行

预防火灾是全社会的共同的责任

增强消防科学发展观念　普及消防安全教育知识

贯彻消防法规　落实消防责任

加强消防安全意识　提高消防安全素质

遵守消防法律法规　减少火灾事故发生

强化消防监督　消除火灾隐患

隐患险于明火　防范胜于救灾　责任重于泰山

自觉遵守安全操作规程　杜绝消防违规违章行为

消防安全人人抓　预防火灾靠大家

防火两大忌　麻痹和大意

防火安全无小事　时时处处需留心

消除火患是最好的防范

勿忘火警119　消除火灾是朋友

课题 25　客户投诉处理

  课题任务示例

小张是××公司的总经理秘书,该公司主要从事热水器的生产和销售。一次,一位用户打电话到销售部投诉公司产品有质量问题。客户情绪非常激动,认为该公司的热水器对他的安全构成了威胁,并准备到消费者协会去上告。公司派小张去见这位顾客。见面后,顾客滔滔不绝地又说又骂,非常生气,小张却始终洗耳恭听,连声说是,并不断道歉。就这样,这个暴怒的客户痛快淋漓地发泄了半个小时。经过两次这样的交流后,顾客冷静了,态度也和缓了许多。最后双方进行了充分的沟通,发现该客户热水器的安装存在一定的问题,公司的技术人员进行了认真的处理,客户最终对公司的服务感到很满意。

任务:
1. 请思考秘书小张的做法对我们有哪些启示?
2. 学会接待和处理客户投诉的技巧。

  课题任务分析

客户投诉处理是企业与客户沟通的重要环节,是实施客户管理的重要内容。一个企业要面对各种各样的客户,每天运作着庞大复杂的销售业务,能做到每一项业务都使每一个客户满意是很难的。对于企业而言,出现客户投诉并不可怕,关键是如何正确对待和处理投诉,化消极为积极。

这个示例情景中,秘书小张面对情绪激动的投诉客户,首先让客户痛快淋漓地发泄,待客户冷静后,再进行充分的沟通,最终使问题得圆满的解决。秘书人员在日常接待中经常会遇到一些怒气冲冲的投诉者。秘书人员要特别重视对投诉者的接待服务工作,向客户表现出积极的态度,妥善处理。

  课题任务解决

一、基本知识

(一)客户投诉的原因

客户投诉的最根本原因是客户没有得到其预期的服务,即使产品和服务已经达到了良好水平,但只要与客户的期望有距离,投诉就有可能产生。客户投诉之后就是希望他们的问题得到重视并最终得到圆满的解决。

客户投诉产生的原因是多方面的，比如：

（1）客户在使用产品或享受服务的过程中，企业有人歧视或小看他们，没有人聆听其申诉；

（2）在客户认为存在问题时，企业没有人愿意承担错误及责任；

（3）企业中某人的失职令客户蒙受金钱或时间的损失；

（4）客户的问题或需求得不到解决，也没有人向其解释清楚等。

（二）客户投诉的内容

客户投诉包括产品及服务等各个方面，主要可以归纳为以下几个方面。

1. 产品质量投诉

主要包括产品在质量上有缺陷、产品规格不符、产品技术规格超出允许误差、产品故障、产品破损等。

2. 购销合同投诉

主要包括产品数量、等级、规格、交货时间、交货地点、结算方式、交易条件等与原购销合同规定不符。

3. 货物运输投诉

主要包括货物在运输途中发生损坏、丢失和变质，因包装或装卸不当造成的损失等。

4. 服务质量投诉

主要包括对企业各类人员的服务质量、服务态度、服务方式、服务技巧等提出批评与抱怨。

5. 虚假广告投诉

主要包括对广告宣传中名实不符、夸大渲染、误导消费等的投诉。

（三）客户投诉的处理

1. 处理客户投诉的原则

（1）换位思考。即对客户的投诉首先要站在对方的角度予以理解，即使客户表现出过激的言辞，也要保持克制，用诚意来舒解客户的情绪，实现有效的沟通。

（2）及时处理。即对客户的投诉要以最快的速度作出反应，力争在最短的时间里全面解决问题，给客户一个满意的答复。如果不能立即解决，也要给客户一个可以"忍受"的等待期限，并提供相关的服务保证。

（3）认真核查。即要对客户投诉的事情进行多方面的调查，深入到所有与投诉有关联的方面,不能浮在表现上,不回避真相,是什么就是什么,不能扩大也不能缩小,找出造成事故的真正原因。

(4) 分清责任。对内部要分清造成客户投诉的责任部门和责任人,要注意如果客户提出了过分的要求则需要有理有节地协调处理,让客户明白损失的超限赔偿是基于双方的合作关系,而非无原则的随意作为。

(5) 留档备查。即对每一起客户投诉及其处理过程都要作出详细的记录,吸取教训,总结经验,为以后更好地处理客户投诉提供参考。

> **小提示**
>
> 投诉处理禁用法则:
> - 立刻与顾客摆道理。
> - 急于得出结论。
> - 一味地道歉。
> - 告诉客户"这是常有的事"。
> - 言行不一,缺乏诚意。
> - 吹毛求疵,责难客户。

2. 处理客户投诉的流程

有效处理投诉的步骤是鼓励客户发泄,排解愤怒,充分道歉,控制事态,收集信息,了解问题所在,承担责任,提出解决方案,让客户参与解决方案,承诺执行,并跟踪服务留住客户。

客户投诉处理一般说来,包括以下几个步骤:

(1) 记录投诉内容。利用客户投诉记录表详细地记录客户投诉的全部内容,如投诉人、投诉时间、投诉对象、投诉要求等。

(2) 判断投诉是否成立。了解客户投诉的内容后,要判定客户投诉的理由是否充分,投诉要求是否合理。如果是企业的问题,适时表示歉意会起到意想不到的效果;如果投诉不能成立,也应当以婉转的方式答复客户,取得客户的谅解,消除误会。

(3) 确定投诉处理责任部门。根据客户投诉的内容,确定相关的具体受理单位和受理负责人。如属运输问题,交储运部处理;属质量问题,则交质量管理部处理。

(4) 责任部门分析投诉原因。要查明客户投诉的具体原因及具体造成客户投诉的责任人。

(5) 提出处理方案。根据实际情况,提出解决问题的方案,采取一切可能的措施,挽回已经出现的损失。

(6) 提交主管领导批示。对于客户投诉问题,领导应当予以高度重视,主管领导应对投诉处理方案——过目,及时作出批示。

(7)实施处理方案。对客户的损失进行赔偿,对给客户造成的不便予以道歉,对直接责任人和部门主管要按照有关规定进行处罚,依照投诉所造成的损失大小,扣罚责任人的一定比例的绩效工资或奖金;同时对不及时处理问题造成延误的责任人也要进行追究,同时尽快收集客户的反馈意见。

(8)客户回访。是与客户建立长期信任关系,弥补因种种原因造成失误的重要环节,也是检查工作质量的重要环节,是与客户沟通、搞好关系的最佳时机。

(9)总结评价。对投诉处理过程进行总结与综合评价,吸取经验教训,提出改进对策,不断完善企业的经营管理和业务运作,以提高客户服务质量和服务水平,降低投诉率。

> **小提示**
>
> 处理不同类型的客户投诉方法如下:
>
> 当客户投诉或抱怨时,应当根据客户不同的投诉方式,分别采取行动。采用得体的应对方式将有助于问题的解决。如果客户非常愤怒,你首先要仔细了解客户的不满和苦衷,设法使客户从激动的状态中平静下来,与客户心平气和地商讨解决方案。
>
> (1)电话投诉的处理。认真倾听客户的抱怨,考虑对方的立场,同时利用声音及话语来表示你对客户不满情绪的理解;通过询问什么时间、在什么地方、什么人、做什么事、其结果如何等问题,了解投诉事件的基本信息;如有可能,把电话的内容予以录音存档,以便必要时提供证明,也可日后作为教育训练的案例。
>
> (2)信函投诉的处理。收到客户的投诉信时,应当立即转送有关人员处理,并马上通知对方已经收到信函,表示公司的诚恳态度和解决问题的意愿。若对方没有留下联络电话,可请对方告知,以便日后的沟通和联系。如有必要,应当亲自赴客户住处访问道歉解决问题。
>
> (3)面对面投诉的处理。将投诉的客户请到会客室或办公室,以免影响其他客户;请客户填写"客户抱怨登记表";谨慎使用各项应对措施,避免导致客户再次不满。

(四)秘书人员处理客户投诉的技巧

1. 热情接待

秘书人员在接待投诉者时,要注意态度热情和语气亲切,切忌爱理不理、居高临下、盛气凌人,不能用"不知道"、"领导不在"这样的冷谈语言应对。

2. 仔细聆听

接待之后要仔细地聆听投诉者的宣泄,即使他气势汹汹,因为只有这样才能表明你重视他的投诉，愿意接受和处理他的投诉，进而平息他的怒气。

3. 真诚道歉

秘书人员要为给投诉者造成的不便向其诚恳地道歉，而不是一味地辩解，诚恳的道歉可以使投诉者消气，一味的辩解会让投诉者感觉你不想承担责任。

4. 复述问题

有时候，投诉者所使用的语言和秘书人员所理解的意思可能不完全一致，这个时候一定要重复他向你描述的问题，以便确认其需求，从而对症下药。

5. 认同对方感受

在处理投诉的过程中，一定要认同投诉者的感受，如说一些类似"我可以理解您现在的心情，如果是我也会来投诉的"的话，使其情绪得到稳定和舒缓。

6. 阐明解决措施

投诉者最关心的问题是他的要求能否得到解决以及如何解决，所以秘书人员在耐心地听取投诉者的申诉后，依据相关的规定，慎重向他阐明如何帮他解决问题。

7. 以礼相送

当投诉者告辞，秘书人员起身相送时，可以适当地说些感谢和安慰的话，如："感谢您给我们提出的宝贵意见，您放心，我会将您反映的问题转告经理，并尽快给您一个满意的答复"。

> 小提示
>
> 处理投诉的几句禁语：
> - 这种问题连小孩子都会。
> - 你要知道，一分钱，一分货。
> - 绝对不可能发生这种事。
> - 你要去问别人，这不是我们的事。
> - 我不知道，不清楚。
> - 公司的规定就是这样的。
> - 你看不懂中文（英文）吗？
> - 改天再和你联络（通知你）。
> - 这种问题我们见得多了。

二、模拟演练

根据上述介绍的客户投诉处理知识，请根据任务示例中的框架编写一个小剧本，然后分组分角色扮演，进行模拟演练。

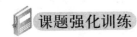

课题强化训练

<训练 1>

请阅读下面的案例体悟秘书人员处理客户投诉的技巧。

香港电信有很多负责客户服务的技术人员,在电话中处理客户的投诉。一般首先由秘书人员接听客户的来电,然后根据客户的需要转接给相应的一线技术人员。香港电信发现,很多客户投诉中得不到解决的问题,其实并非一线的工程师不能解决,而是客户认为秘书人员的态度不好,才将问题升级。为了解决这个问题,香港电信为每个秘书人员面前配了一面镜子,并要求秘书人员在打电话前对镜子微笑,然后将这些微笑保持在每一个通话中,她们的经理也会留意秘书人员是否在通话时保持笑容。此外,管理人员还经常将秘书人员的通话录下来,然后放给公司员工来听。很快,客户的投诉和升级减少了。另外的一个效果是,秘书人员自己也更开心了,因为她们的微笑和热情传染给了电话用户,客户也回以好的态度对待秘书人员和技术支持人员。

<训练 2>

请讨论和归纳出几种常用的接受客户抱怨的渠道。

<训练 3>

请为下述投诉情景提出有效的处理方法和步骤:

情景1:(客户)我已经排了20分钟的队了!你们究竟在做什么?!这么一点事情需要那么长的时间吗?!

情景 2:(客户)这件事完全是你的责任,我觉得你非常不称职!我现在要见你们经理,把你开除掉!

<训练 4>

请分角色模拟演练下述投诉情景:

情景一:客户打电话,要投诉某位员工,称对其服务不满。但经查该员工服务没有问题,而且此客户为企业大客户。经办人该怎么处理?

情景二:客户打电话,表明身份是记者,要投诉刚才接待他的某位员工,称其态度恶劣,并声称要将此事登报发表。经办人该怎么处理?

<训练 5>

一个顾客正通过电话向一家大型制造公司的儿童体育用品部秘书大发雷霆:"你们是怎么搞的?你们保证过按时把这批尼龙儿童棒球衫以每件12美元的价格卖给我们。在这个星期的销售广告中我们已经做了大力宣传,可是你们公司的那个蠢货却通知我们这批货不符合要求,这下可好,你让我怎么办?"那个秘书面红耳赤地坐在那儿听着,后来他说:"这个客户没完没了地抱怨,说得我直冒冷

课题 25 客户投诉处理

汗，于是我也变得十分气愤，但我并不能显露出来。我只好平心静气地对他说：'您能稍等片刻吗？让我想想怎么办，好吗？'于是我把话筒从耳边拿开，深深地吸了一口气，然后对自己说，'好了，现在应该怎么办？'"

假设你就是这位秘书，接下来你会如何处理这件事？

课题工具参考

××公司客户投诉登记表

编号：　　　　　　　　　　　　　　投诉时间：　　年　月　日

客户姓名				联系电话				
合同编号				购买日期				
制造部门				生产日期				
品名规格	加工类别	颜色	单价	交易量	交易额	投诉量	投诉额	备注

投诉内容	理由			
	要求	赔款		元
		折价	%，	元
		退货		
		其他		
经办人			审核人	

××公司投诉接待统计表

编号：　　　　　　　　　　　　　　填写日期：　　年　月　日

序号	客户姓名	联系电话	投诉问题	客户要求	接待人	备注
填表人		审核人			审核日期	

填写说明：如果客户的问题没有当面解决，接待人员在备注一栏中注明与客户商定的问题解决的最后期限。

××公司客户投诉处理表（1）

编号：　　　　　　　　　　　　　　　　　　　填写日期：　　年　月　日

客户姓名		订单编号		制造部门		交运日期	
产品名称	产品规格	交货数量	金额	投诉理由		处理建议	
填表人				审核人			

××公司客户投诉处理表（2）

客户名称		投诉人		传真/电话	
投诉事件记录： 投诉人要求： 　　　　　　　　　　　　　　　　　　　　　　记录人/日期：					
调查结果： 　　　　　　　　　　　　　　　　　　　　　　调查人/日期：					
处理结果： 　　　　　　　　　　　　　　　　　　　　　　处理人/日期：					
客户反馈	处理结果	满意□	基本满意□	不满意□	客户签字
	处理速度	满意□	基本满意□	不满意□	

注：一般情况营业部主管电话告知客户投诉处理结果并征询反馈意见。如有必要将此表传真至客户处，请客户填写反馈意见。

××公司客户投诉报告表

　　　　　　　　　　　　　　　　　　　　　　　时间：　　年　月　日

××经理： 本部门自×月×日接到客户投诉，已于×月×日将案件办结，现将结果报告如下。 　　　　　　　　　　　　　　　　　　　　　报告人（签章）：	
投诉受理日	年月日上午/下午时分
投诉受理者	□信件　□传真　□电话　□采访　□店内
投诉内容	□品质　□数量　□货期　□态度　□服务　□其他
投诉见证人	
处理紧急程度	□特急　□急　□普通

续表

承办人	
承诺办理日	
实际办理日	
处理内容	
费　　用	
保　　障	
原因调查会议	
原因调查人员	
原　　因	□严重原因　□偶发原因　□疏忽大意　□不可抗拒原因
记载事项	
检　　讨	

制表：　　　　　　　审核：

××公司客户投诉处理函（示例）

文本名称	客户投诉处理函	受控状态	
		编号	

××先生/女士：

　　×月×日来函收到，感谢您指出我们工作中的差错。由于我们工作的疏忽，未能及时发货，对由此给您工作带来的不便，我们深表歉意。我们已做出安排，今天以特快专递的方式将您所订购货物发给您。快递单号为：××××××，便于您查询。

　　我们保证今后不会出现类似情况，敬请您继续监督我们的工作，并继续与我们加强合作。特此函复

××公司
××××年×月×日

相关说明					
编制人员		审核人员		批准人员	
编制日期		审核日期		批准日期	

课题 26　突发事件处理

课题任务示例

这天上午，公司总经理秘书小张正和王总经理一起陪着公司的重要合作伙伴××公司的李总经理一行在公司厂区参观。行走中，××公司的销售部经理周女士踩到了没有盖好又没有安全标志的井口内，当即小腿部表皮划伤出血并有膝盖疼痛感。小张急忙上前，一面向周女士道对不起，一面轻轻将周女士扶起，接着她采取了一系列的措施：通知工作区急救员，利用单位急救箱进行紧急抢救；在急救员不在的情况下，及时呼叫急救中心，抓紧时间进行伤员的抢救；当伤员得到抢救后，填写了公司的事故情况记录表，并立即填写公司的工伤情况报告表，写出处理该受伤人的相关细节。

任务：
1. 请思考秘书小张处理突发事件的做法对我们有哪些启示？
2. 学会如何预防突发事件及处理突发事件的方法。

课题任务分析

突发事件是指企业内外环境中突然发生的不良事件或恶性事件。突发事件都有一定的"杀伤力"，给工作带来不利影响甚至管理危机。处理突发事件是领导实施管理控制的重要内容。应该说，处理突发事件并非是典型的秘书日常事务，但因其具有突发性，需要秘书人员能够快速而正确地处理，所以仍然要求秘书人员从日常工作职责角度对此熟知。

这个示例情景中，表面看来，似乎是一件微不足道的小事：客人周女士踩到了没有盖好又没有安全标志的井口内，小腿部表皮划伤出血。但是，这件突然发生的"小事"如果处理不好，就会变成"大事"，因为它事发突然，又主要是由于公司工作上的疏漏所致，处理不好实质上关系到公司的形象。秘书人员在突发事件面前要做到沉着应对。

课题任务解决

一、基本知识

（一）突发事件的类型

1. 按突发事件的引发因素的属性划分

可以分为自然性突发事件和人为性突发事件。前者是指由自然原因引发的突发事件，如洪水、地震等自然灾害引发的突发事件；后者是指由人为原因引发的突发事件，如产品质量不好等原因引发的突发事件。

2. 按突发事件的引发因素的范围划分

可以分为内因性突发事件和外因性突发事件。前者是指由企业自身原因而引发的突发事件，如企业行为不当等原因引发的突发事件；后者是指由企业外部原因而引发的突发事件，如竞争者的不正当竞争等原因引发的突发事件。

3. 按突发事件的危害程度划分

可以分为一般突发事件和严重突发事件。前者是指对企业、对公众或外部环境只造成局部危害或某方面危害的突发事件；后者是指对企业、对公众或对外部环境造成全面危害的突发事件。

4. 按突发事件的涉及范围划分

可以分为内部突发事件和外部突发事件。前者是指直接涉及企业与内部公众之间关系的突发事件，如内部各部门的摩擦与对立等；后者是指涉及企业与外部公众或社会环境之间关系的突发事件，如企业与消费者之间的纠纷等。

> **链 接**
>
> **常见的人为原因导致的突发事件**
>
> 交通事故：车祸、海难、空难等。
>
> 人身伤害：凶杀、投毒等。
>
> 公共卫生事件：传染病、食物中毒、职业中毒、生物和化学污染等。
>
> 生产事故：煤井坍塌、锅炉爆炸、工伤事故、电脑黑客和病毒侵害等。
>
> 经济事件：盗窃、证券诈骗、传销诈骗等。
>
> 政治事件：罢工、罢课等。

(二)突发事件的特征

1. 突发性

这是突发事件在其显现或发生时表现出来的重要特征,即在事件发生前没有明显征兆或不易被人们觉察到,发生得突然而迅猛,令人猝不及防。但是,这并不是说突发事件的发生就具有偶然性,尤其是人为原因引发的突发事件,往往就是企业对危机因素不能进行有效控制的必然结果。

2. 扩散性

这是突发事件在其发展过程中表现出来的重要特征,即突发事件所形成的危机会由某个局部逐步扩展开来,甚至扩展为全局性的危机,如果企业不能尽快采取有效措施防止其蔓延,将会给企业信誉和企业形象带来重创。

3. 危害性

这是突发事件在其结果上表现出来的重要特征,即突发事件会造成较严重的损失和危害。突发事件会给企业自身、企业公众及外部环境等造成损失和危害,但从公共关系的角度看,最大和最终的受害者还是企业自身,即企业形象的受损。

(三)突发事件的预防

1. 制订应急预案

以书面形式制订应对各种突发事件的应急方案,要有详尽的可操作性的处理程序性指导,有据可依。

2. 做好培训宣传

根据制订的应急预案对所有工作人员进行培训,使之熟悉各种情况下的应急处理,并通过多种形式加强有关的宣传和提示。

3. 实施模拟演练

定期进行应对突发事件的模拟演练,如消防演习、紧急状态疏散演习,一方面检验应急预案是否科学可行,一方面训练实践应对能力。

4. 落实相关保障

如明确各级管理人员在紧急情况下的任务和职责,配备好相关的设备和资源,定期进行检查等。

(四)突发事件的处理

1. 处理突发事件的原则

(1)快速反应。即及早发现问题,及时处理问题,使事态发展得以有效地、快速地控制,化解事件带来的危机,减少事件造成的消极影响,降低处理问题的成本。

（2）以人为本。即在自然灾害面前，保护人的生命安全是最高利益、最大原则，不能造成更大的和无谓的人员伤害。在人为事件发生时，最大限度地保护公众利益，取得其理解和信任。

（3）公开透明。一旦突发事件发生了，应该以积极、正确的态度而对待媒体和公众，及时披露事实真相和组织采取的应对措施，争取公众的理解和支持。

（4）重塑形象。发生突发事件、出现管理危机并不可怕，关键是以积极的姿态和有力的措施去面对和应对，使事态朝着良好的方向发展，使组织形象得以重生再造。

> **小提示**
>
> 我国规定，有人员伤亡的公共卫生突发事件、重大事故和疫情必须在12小时内上报卫生部及有关部门，包括事件发生的时间、地点、伤亡情况、发生原因，以及当地组织救护的领导、人员、救治能力、采取措施和需要解决的问题等。

2. 处理突发事件的方法

（1）有报告。一旦发生突发事件，要立即了解案情，及时向领导或相关部门报告，获得指示。

（2）有指挥。一旦发生突发事件，要酌情成立临时指挥中心，明确责任，统一指挥，分工负责，忙而不乱。

（3）有处置。一旦发生突发事件，要立即对现场进行处置，如组织人员撤离危险地带、保护事故现场等。

（4）有调查。一旦发生突发事件，要对事件展开深入全面的调查，查明原因，查准真相，妥善解决。

（5）有声音。一旦发生突发事件，要酌情设立新闻发言人，统一口径，向社会和公众坦诚说明情况，赢得理解。

> **小提示**
>
> 突发事件如属刑事案件，必须及时拨打110，并把事件移交司法、公安部门处理。

二、模拟演练

根据上述介绍的处理突发事件的知识，请同学们分组分角色扮演一下任务示例中的相关人物，进行模拟演练。

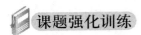

课题强化训练

<训练1>

一员工上班途中遭遇车祸身亡,家属到公司闹事,要经理去给死者磕头,经理回避了。其家属不罢休,在公司打闹,弄得一片混乱,正常工作无法开展。关键时刻秘书小林挺身而出,冷静地对死者家属说:"我们公司的员工,自然是我们的亲人,他的不幸罹难,我们都很悲痛,我是经理秘书,我一定代表经理前去吊唁,并参加治丧。与此次交通肇事单位交涉处理善后工作,我会向经理请示并与有关部门协调,尽快给你们答复。况且,经理比死者年长,让他去磕头,你们于心何忍啊!"一席话,说得有情有理,不卑不亢,掷地有声,对方哑口无言,一场风波基本平息。

请思考:小林处理这起事件的启示是什么?

<训练2>

在新年来临之际,××公司决定在市中心广场举办促销活动,以酬谢广大客户。由于临近新年,市中心的人流量很大,接近中午的时候,促销活动造成了交通拥堵、人流混乱的情况。办公室主任找到总经理秘书小张,告诉她总经理在公司不能及时赶来,让她必须马上处理这件事情。

请完成:

(1) 请讨论分析秘书小张应该如何处理这起突发事件?

(2) 请分角色模拟演练一下处理这起突发事件的过程。

<训练3>

××集团以生产衬衫闻名,一直走品质经营、品牌发展之路,企业声誉日隆。×月×日晚上10时,总厂内5号仓库突发大火,见此情景,仓库管理员惊慌失措,目瞪口呆,在场的员工纷纷向厂外逃生。10时30分,消防车赶到,此时火势已经迅速蔓延到邻近的4号仓库。2小时后,火势得到控制,大火基本被看来,但现场聚集了很多周围居民,还有当地报社、电视台、电台的记者。集团总裁得知情况后一直在现场指挥,集团办公室也迅速启动了危机事故预警机制和处理方案。整个事件中,5号仓库基本烧毁,4号仓库部分受损,烧死1人,严重烧伤5人,轻度烧伤23人。大火虽然被扑灭了,然而事故的影响并未结束。

媒体对有关事故的消息传播得很快,很多人纷纷猜测起火的原因。有人认为"有人纵火",也有人认为"有人在厂区吸烟,烟头触到了易燃品",还有人认为是"电线线路老化或短路的原因",更有人指责该企业抓生产不抓安全,消防设施不到位,未能很好地控制火情,员工的消防知识浅薄,烧死的员工就是因为爬到仓库货架死角上窒息而死的。国内外经销商、客户的电话、传真也纷至沓来,询问是否能如若履约交货。火灾中伤亡员工的家属也聚集到厂区,要求公司赔偿损失。企业员工的生产士气受到重挫，甚至担心公司是否会减员或不能如若发放工资等。一时间，集团上上下下人们的心绪都很沉闷。

请完成：

（1）如果你是此次危机处理小组成员，针对社会舆论，你将向总裁提出什么建议？

（2）请根据情景内容制定一份简要的危机处理方案。

（3）请根据情景内容分角色模拟演练一次应对媒体采访的活动。

课题工具参考

××公司突发事故报告表

事故发生部门：　　　　　　　　　　　　　填报日期：　　年　月　日

事故种类		发生时间		发生地点	
事故经过					
伤亡情况					
财产损失	直接费用	元	间接费用	元	合计	元
善后处理结果说明					
原因分析					
防止对策					
改善计划					
签报批示栏	总经理	（副）总经理	行政部	部门经理	部门主管	填表人

××公司工伤情况报告表

1．工伤人员基本情况			
姓　　名		出生日期	
住　　址		职　　务	
2．事故情况			
发生时间		发生地点	
事故细节描述：			
3．救治情况			
4．证明人情况			
姓　　名		职　　务	

填表人：　　　　　　　　　　　　　　　　填表时间：　　年　月　日

附　　录

××公司秘书工作条例

第一条　秘书的任务是代替经理处理那些可以由其他人完成的工作和为经理的工作做好准备。这些工作不论大小，都应看做是经理的重要工作来认真做好。为使经理的工作得以顺利进行，秘书须对经理的工作进行计划和准备。

第二条　秘书的工作有多项内容，简单表示如下：

1. 传达；
2. 协调；
3. 助手；
4. 书籍、文件整理；
5. 室内整理；
6. 代办事务；
7. 会计事务；
8. 调查；
9. 记录；
10. 接待。

第三条　以上工作内容须根据经理的意图和各项工作的具体要求决定。

第四条　传达事务。传达事务的工作内容具体如下：

1. 接待来访。秘书要有区别对待来访者的能力。

与对方会见时，在未充分了解以往交际关系的情况下，听取姓名和对方要求后，请对方稍候，而不直接说经理在或不在、见还是不见。对应该会见的人，应直接转达对方的意图，并引其进入会客室或经理办公室。对不宜会见的人，在请示经理后以"不在"、"正在开会"或"工作很忙"等为由拒绝对方，或是将来客情况通报经理后按指示办理。

2. 接听电话。接听电话时一定要先说"您好！这里是××公司"或"这里是经理室"，然后记下对方的姓名、工作单位、有什么事情。根据对方情况，在不影响经理工作时可明确回答，但一般不说经理是否在公司。

3. 转达。需要转达时要正确听取对方的身份和要转达的内容，根据情况准确、迅速地转达。

4. 文件的收发及分送。收到的邮件或文件首先要区别是要直接送呈经理还是需要秘书进行处置和整理（这些区分的范围须事先请示经理）。需经理办理的要直接送交经理。

如遇经理正在出差途中而不能确定是否应将邮件送至出差地时，可与副经理协商。

经理不在时，如果有与经理直接有关的留言、电报、快递，可用电话告知。

第五条　公司日常运转工作。公司日常运转工作的具体内容涉及出席会议、旅行、参加宴会、拜访、起草文件等各方面，需要秘书做好协调工作。

1. 日程的设计及其安排。对所确定的应由经理处理的事项，如会见、出席高层职员会等会议的日期和时间进行记录整理，并随时了解有关经理的活动安排，协助经理制定出日程表。

2. 有些工作需要特别的准备和安排，这些工作通常都有一定的时间限制，因此必须提前做好适当的准备。

第六条 秘书应将经理工作中所需的文件资料、各项用品及备用品事先准备齐全。这一工作根据经理具体执行公务情况的不同而有所不同。

1. 在办公室内。平常经常使用的物品及备用品，应在合适的地方放置合适的数量，为此，应绘制一针用品及备用品的明细表，在上面记下品种、一月或一周所需数量以及补充的数量和补充日期，最好做到事先心中有数。有了明细表，还必须存有一定量的备用品，以便随时补充。

2. 经理外出时。经理外出时需使用的钢笔、铅笔等，每天应注意事先准备好，需要放入提包内的物品也要同样考虑。这些需要准备的物品应在询问过经理后制作一张明细表事先贴在醒目处以防遗漏。如果是出差，还应考虑出差地点和天数等，这更要经常征询经理意图以准备好所需用品。

3. 文件、资料的准备。首先要清楚哪些文件是要用的，如不明白，要详细询问，以便将可能会用到的文件材料一并准备齐全，然后绘制一张文件明细表以方便使用。机密文件可以直接交经理或是用封袋密封好后等待经理的指示。

第七条 文件整理业务

1. 为使重要的文件或经常使用的文件不丢失、散乱，并且随时可以使用，需要对这些文件进行整理。整理工作首先要根据经理意见将文件分类，并放入固定的装具内，使用中还要经常整理，以便于查找。

2. 整理工作的关键是分类课题的确定、保管及整理文件用品的选择和整理、借阅手续的完善。

3. 业务用的文件分为正在处理的文件、正在运行的现行文件和已经处理完毕的文件，此外还有机密类文件。根据应用情况还可以分为每日必用、常用和不常用三种。

4. 经过这样的整理后，有必要对文件进行装订，并给每一个文件集合体标示易于理解的名称。应在听取经理意见后再制作一张文件分类明细表，将表张贴在保管场所或保管人的桌子上以便于参照。

第八条 整理、清扫工作。此项工作应由秘书督促相关人员来完成。工作中须注意如下几点：

1. 清理桌面。台历和墙上挂的日历要每天调整日期。桌子要擦干净。墨水瓶、笔杆、笔盒、吸墨纸、剪刀、裁纸刀、印泥及其他规定的常用品及用纸要准备好。墨水、笔尖、笔杆、胶水、别针、印台、铅笔、活动铅笔、圆珠笔、裁切刀、订书机、吸墨纸、橡皮等都要按要求备齐数量。将前一天取出的图书、文件放回原处，有污染和破损的物品要清扫或更换。

2. 室内的杂物、家具，如桌子、烟灰缸、椅子、烟盒等都要放在固定的地方。

3. 根据当天的天气情况随时调整空调和窗帘。

第九条　秘书可以代办的事务

1. 参加庆典、丧礼等仪式。这种场合要特别留心服装和服饰品及行为仪表得体，同时还要十分讲究寒暄、应酬的用语。因此，也可以将平时各种不同场合范例及标准寒暄用语综合归纳，以便查阅。

2. 转达经理意见或命令。转达是将经理意见的原话转达给对方，不能夹杂个人感情和意见。表达经理意见要完整准确，一旦马虎将会引起不一致的后果。针对工作的命令，在转达时要注意简洁、迅速。有时根据情况，还要将对方的答复向经理汇报。

第十条　会计事务。该项事务是指对由经理直接使用的几种账目的管理，包括各项物品的购入及发放、资产的调配及运用、现金收入及支出等方面的账目记录及管理。

1. 关于资产状态及收支情况要制作明细表，至少一个月要制作一张月报表，在特殊情况下，要随时根据经理及副经理的要求拿出报表。

2. 处理有关财务事项还应注意以下几点：

（1）支出及收入可以根据原始凭证将其发生额记入现金出纳账中。现金出纳账与现金余额的多少应保持一致。票据上要有经手人和秘书的印章，以明确责任，每个月应有两三次将这些收据汇总后让经理过目。

（2）日常的现金支出应限定一定的数量，除此之外，若有特项目，应申请特别支出的资金或开出支票。

（3）开具支票需有收据或其他凭证，并在支票上记下用途，由经理盖章。

（4）资产有土地、建筑物、有价证券、备用品及各种家具杂物的押金等形式。应设立各种资产的台账及有价证券簿，详细记录各种资产的内容、单价、数量、现有额及出入额等。

（5）银行存款及邮政储蓄要设存款底账。接受款项者应按名称分别立账并明示余额。

3. 各种物品的购入和发放应特别注意有无使用申请和手续是否齐备，并及时入账以免遗忘和推迟记账。

第十一条　调查工作。公司的调查通常分为特命调查和一般性调查两类。公司在开展各种调查工作时，办公室秘书须做好协助工作。

1. 进行调查工作时，秘书应选择合适的专家、顾问进行委托，或将他们列为调查委员，并与之保持经常联系，需要时提出调查项目请他们完成。

2. 有些专业事项的调查，秘书也可以亲自听取专家和当事人的意见，或在调查各方面情况后，将意见和调查情况汇总后报告经理。

第十二条　文书工作。文书工作包括三个方面，信函写作、起草文件以及誊清或印刷文件。

1. 信函的完成。信件的写作首先要准备有不同内容的信件范文，同时还备有辞典等工具书。对经理经常会使用的信件种类可事先汇集为"标准通信范例"，需要时选择一种略加增删便可使用，较为方便。

2. 文件的誊清及印刷。文件的誊清及印刷主要包括将文件起草以笔记形式誊清，用打字机打印、直接印刷以及辑录图书杂志上的有关内容等四项工作。

第十三条　联系工作。联系工作就是要向经理或副经理转达某向事情，并向对方转告经理或副经理的意图，听取对方的答复，有时还要将这种答复再次告诉经理，进行反馈。

第十四条　招待事务。招待是指在经理外出、返回或有客人来访时的礼仪性款待，大多指派事务员或勤杂工来完成。款待包括提供向导、收存携带的物品服务、奉送茶点、迎来送往等。

1. 为经理服务。为经理服务的工作内容主要有以下一些：

（1）经理外出时应备好车辆。

（2）经理回到公司时，要接过经理脱下的外套、帽子等，然后放到一定的地方并随时用刷子清洁这些衣物。

（3）经理从外面回到办公室的时候，夏天要递上湿毛巾、冰水、咖啡或苏打水，冬天应马上递上热茶和咖啡。

（4）要视天气情况调好空调。

2. 为客人服务。除为经理服务外，秘书还必须为客人提供服务，比如客人出入公司时参照对经理的服务要求进行接待。若需要来访者等候时，应递上报纸、画报等。天气炎热的时候，可请客人脱掉外衣等。

参 考 文 献

1. 金常德等. 职业秘书办公室综合事务管理教程[M]. 北京：清华大学出版社，2008.
2. 金常德等. 新编秘书实务（第二版）[M]. 大连：大连理工大学出版社，2008.
3. 张强等. 办公室工作实务[M]. 北京：北京航空航天大学出版社，2008.
4. 张丽荣等. 办公室事务[M]. 大连：大连理工大学出版社，2008.
5. 吴跃平. 秘书与办公室工作[M]. 北京：人民出版社，2008.
6. 黄良友. 办公室工作与管理[M]. 北京：首都经济贸易大学出版社，2008.
7. 胡鸿杰. 办公室事务管理[M]. 北京：中国人民大学出版社，2004.
8. 陆瑜芳. 办公室实务[M]. 上海：复旦大学出版社，2003.
9. 众行管理资讯研发中心[M]. 办公室事务管理. 广州：广东经济出版社，2003.
10. 谭书旺. 秘书事务管理[M]. 大连：东北财经大学出版社，2009.
11. 葛红岩. 新编秘书实务[M]. 北京：高等教育出版社，2007.
12. 胡亚学，郝懿. 秘书理论与实务[M]. 大连：东北财经大学出版社，2007.
13. 谭一平，李永民. 秘书基础与实务[M]. 北京：清华大学出版社，2007.
14. 谭一平. 职业秘书实务[M]. 北京：东方出版社，2006.
15. 沈卫. 职业秘书商务活动教程[M]. 北京：清华大学出版社，2008.
16. 邓石华等. 职业秘书人际关系与沟通教程[M]. 北京：清华大学出版社，2008.
17. 陈琳. 商务秘书项目教程[M]. 北京：机械工业出版社，2009.
18. 蔡超等. 现代秘书实务[M]. 广州：暨南大学出版社，2006.
19. 刘森. 商务秘书实务与训练教程[M]. 成都：西南财经大学出版社，2006.
20. 向国敏. 现代秘书实务[M]. 北京：首都经济贸易大学出版社，2005.
21. 王萍等. 现代文秘工作实务[M]. 北京：机械工业出版社，2007.
22. 陈泓等. IMS 文秘[M]. 南京：南京大学出版社，2007.
23. 徐飙. 现代文员实务技巧[M]. 北京：高等教育出版社，2005.
24. 雷鸣等. 秘书日常工作实训[M]. 北京：中国人民大学出版社，2008.
25. 范兰德等. 现代秘书工作技能与实训[M]. 广州：广东人民出版社，2007.
26. 中国就业培训技术指导中心. 秘书国家职业资格培训教程·五级秘书[M]. 北京：中央广播电视大学出版社，2006.
27. 中国就业培训技术指导中心. 秘书国家职业资格培训教程·四级秘书[M]. 北京：中央广播电视大学出版社，2006.
28. 中国就业培训技术指导中心. 秘书国家职业资格考试与实训指南[M]. 北京：中央广播电视大学出版社，2007.

29. 劳动和社会保障部教材办公室组织编写[M]. 秘书：国家职业资格四级. 北京：中国劳动和社会保障出版社，2004.
30. 中国高等教育学会秘书学专业委员会. 中国秘书岗位资格证书教程[M]. 北京：中国人民大学出版社，2006.
31. 刘建生等. 企业行政管理实务[M]. 广州：广东经济出版社，2006.
32. 胡占友. 行政管理职位指导手册[M]. 北京：中国纺织出版社，2007.
33. 滕宝红. 行政主管日常管理工作技能与范本[M]. 北京：人民邮电出版社，2007.
34. 张永红. 客户关系管理[M]. 北京：北京理工大学出版社，2009.
35. 李晓明. 商务沟通与客户服务[M]. 北京：中国劳动和社会保障出版社，2005.
36. 徐丽君等. 秘书沟通技能训练[M]. 北京：科学出版社，2008.
37. 南亚旭. 职业秘书与文员上岗必备工具[M]. 广州：广东经济出版社，2004.
38. 世界500强企业管理标准研究中心. 职业秘书任职资格与工作规范[M]. 北京：东方出版社，2004.